GrKo19

DU BIST NICHT ALLEIN. Öffentlicher Raum im Dialog

Großer Konvent der Schader-Stiftung

Dokumentation der Jahrestagung am 8. November 2019

Schader-Stiftung (Hrsg.)

Herausgeber
Schader-Stiftung
Goethestraße 2, 64285 Darmstadt
Telefon 0 61 51 / 17 59 - 0
Telefax 0 61 51 / 17 59 - 25
kontakt@schader-stiftung.de
www.schader-stiftung.de

Redaktion
Alexander Gemeinhardt (verantwortlich), Monika Berghäuser,
Peter Lonitz, Alla Stoll, Anna-Lena Treitz

Texte
Katharina Apfelbaum, Michèle Bernhard, Saskia Flegler,
Alexander Gemeinhardt, Jens Hübertz, Johanna Lanio,
Karen Lehmann, Peter Lonitz, Kirsten Mensch, Laura Pauli,
Helene Pleil, Tobias Robischon, Anna-Lena Treitz, Dennis Weis

Fotografie
Christoph Rau, Darmstadt

Satz
Ph. Reinheimer GmbH, Darmstadt

Gestaltung und Herstellung
Ph. Reinheimer GmbH, Darmstadt

Alle Rechte vorbehalten

ISBN 978-3-932736-51-3

Dezember 2019

Keynotes „Offentlicher Raum im Dialog"
und Konfliktforschung
Dialog
zwischen
Gesellschafts-
wissenschaften
und Praxis

Inhaltsverzeichnis

1 Einleitung

Was bleibt nach dem siebten Großen Konvent der Schader-Stiftung? Schreibgespräche auf Tischdecken. Zwanzig Stunden Audiomitschnitt zur Auswertung und Dokumentation in komprimierter Form. Ein einziges nicht abgeholtes Namensschild von 183 angemeldeten Personen am Empfang. Erste Durchsicht des Videomitschnitts, der vier Wochen später erscheinen soll. Eine Handvoll Visitenkarten in den Taschen der Mitarbeiterinnen und Mitarbeiter der Stiftung, die ersten Mails mit Dank, Kritik, Anregungen und Projektideen. Am Vorabend des 9. November auch Nachdenklichkeit und Dankbarkeit, in so großer Offenheit, Vielfalt und Freiheit denken und sprechen, Einladungen an eine vielfältige Community aussenden zu können und offenes Feedback zu erhalten. Alles in allem bleibt auch für die Schader-Stiftung Gewissheit: DU BIST NICHT ALLEIN.

Begegnung im Raum

Das Konventsthema hat die Schader-Stiftung im abgelaufenen Jahr 2019 in Debatten um den öffentlichen Raum begleitet und ein Gesprächsfeld geschaffen für einen agilen und konzentriert arbeitenden Konvent. Der öffentliche Raum führt die Stiftung ad fontes, denn die räumlichen Bezüge in ihrer gesellschaftswissenschaftlichen Relevanz sind Wurzeln, aus denen die Schader-Stiftung nach wie vor ihre Identität herleitet. Das Thema „Raum" prägt uns seit den ersten Anfängen von über dreißig Jahren operativer Arbeit, dabei Idee und Anliegen des Stifters Alois M. Schader, Bauingenieur und Planer, der die Stiftung bis heute aufmerksam und engagiert begleitet, führt und berät. Auch das Zusammenkommen des Großen Konvents erfordert eine ausgeklügelte Konzeption und Vorbereitung, es ist nicht willkürlich, wie Menschen in den Dialog geführt werden. Und doch ergibt sich in der Begegnung Neues, Unerwartetes. Denn diese Begegnung von Fachleuten aus Wissenschaft und Praxis entzieht sich auf der Mikroebene einer solchen präjudizierenden Planung – zum Glück. Denn so entstehen Konstellationen, die nicht alltäglich sind und nicht den ökonomischen Tagungsmustern des Alltags – Meetings, Sitzungen, Papers – entsprechen. Die nicht zu planen, aber zu ermöglichen sind – zwischen Vertreterinnen der Politik, Verwaltung und Verbände, Kolleginnen aus Wirtschaft, Kultur und Zivilgesellschaft und natürlich aus den Gesellschaftswissenschaften, aus planerischen, technischen und geisteswissenschaftlichen Disziplinen, Perspektiven des Rechts und der Kultur, Forschende und Lehrende verschiedener Fachbereiche und Stadien des akademischen Lebens, aus Fachgesellschaften und Akademien, Verantwortungsträgerinnen aus ganz verschiedenen Organisationen und Initiativen und natürlich auch aus kollegial verbundenen Stiftungen, die beispielhaft für die notwendige wechselseitige Kooperations-, Kollaborations- und Koalitionsfähigkeit der Gesellschaft stehen.

Öffentlich ist der Raum des Großen Konvents nicht – in seiner Publizität allerdings transparent, wofür an erster Stelle die wieder in kurzer Zeit präzise erarbeitete öffentliche Dokumentation steht. Doch die Einladungen an sich spricht die Stiftung gezielt aus, sie gehen an Projektpartnerinnen und Projektpartner, an Mitwirkende, Freundinnen und Freunde der Stiftung, an Persönlichkeiten, die den Stiftungszweck befördern oder in besonderer Weise von der Förderung profitieren möchten. Allen gemeinsam ist eine Verbindung zur Stiftung, ob lange bestehend oder ganz neu ausprobiert. Die Stiftungsarbeit allerdings in diesem Raum zwecks Besichtigung und

Mitwirkung zu öffnen, das ist ein sehr spezieller Anspruch der Schader-Stiftung. Der Keynote-Sprecher Michael Göring hat darauf hingewiesen, als Vorstandsvorsitzender der ZEIT-Stiftung Ebelin und Gerd Bucerius ist er nicht nur Stiftungsmacher, sondern hat als ehemaliger Vorsitzender des Bundesverbands Deutscher Stiftungen auch europaweit einen besonders tiefen Einblick in den Dritten Sektor. Und als Projektpartner unserer Sommercamps ist er mit der ZEIT-Stiftung ganz nah dran am Dialog zwischen Gesellschaftswissenschaften und Praxis, wie ihn die Schader-Stiftung hier exemplarisch für die nächste akademische Generation anbietet.

Stiftungen haben sich die Aufgabe gesetzt, spezielle Bereiche der Gesellschaft oder auch der Wissenschaft besonders in den Blick zu nehmen und zu fördern. Dabei unternehmen sie nicht nur etwas, sie sind auch selbst unternehmerisch tätig in dem Sinne, das ehrenamtliche Engagement ihrer Mitwirkenden sinnstiftend nutzbar machen zu wollen. Wenn also zum siebten Großen Konvent über 180 Personen zusammenkommen, freuen wir uns über die überwältigende Resonanz auf unsere Einladung, sehen aber auch die damit einhergehende Verpflichtung, aus Teilnehmenden Teilgebende werden zu lassen. Die Einladung zum Konvent ist auch eine Einladung zur Debatte, zur Kontroverse: „Dissens führt dazu, dass wir besser denken", stellt Nicole Deitelhoff in ihrer Keynote klar. Als Direktorin des Leibniz-Instituts Hessische Stiftung Friedens- und Konfliktforschung ist das ihr Metier, als Projektpartnerin der Schader-Stiftung im Bereich Sicherheitspolitik und als Mitglied des Senats der Schader-Stiftung weiß sie ganz genau, wovon sie spricht.

Konvente als Inkubatoren

Sieben Konvente, sieben Themen seit 2013. Beginnend mit einem Neustart nach 25 Jahren Dialog zwischen Gesellschaftswissenschaften und Praxis, dem ein Ausblick auf Nachhaltige Entwicklung, Öffentliche Wissenschaft, die Digitalisierung unter dem Rubrum „Kulturelle Praktiken 4.0" folgte, dann der Appell „Definiere Deutschland!" und die Aufforderung „Mehr ... wagen" nun zum öffentlichen Raum. Digitalisierung, Öffentliche Wissenschaft, Nachhaltige Entwicklung – aus vielen der Konventsthemen sind Projekte und Publikationen hervorgegangen, die nicht unbedingt von uns kommen, aber eben auch nicht ohne uns entstanden wären. 2020 wird dann ganz besonders auf den Perspektivwechsel setzen.

Die Biogramme der Teilnehmenden, die wie immer als Anhang dieser Publikation veröffentlicht werden, lassen erahnen, wie breit das Feld der Mitdenkenden des Konvents ist. Um möglichst allen interessierten und interessanten Persönlichkeiten ein Podium zu eröffnen, läuft der Konvent zum großen Teil in dialogischer Form ab, in drei thematisch abgestimmten Sessions der Dialog-Cafés am Nachmittag, die mit wechselnder Besetzung das Konventsthema weit aufspannen. „DU BIST NICHT ALLEIN" kann also durchaus als Vorgabe für die disziplinen- und sektorenübergreifende Zusammensetzung des Konvents verstanden werden.

Öffentlicher Raum im Dialog

Der Untertitel „Öffentlicher Raum im Dialog" war für die Schader-Stiftung in diesem Konventsjahr 2019 eine bewusste Herausforderung, öffentliche, halböffentliche und vertrauliche Räume für den Dialog zu schaffen, anzubieten, zur Verfügung zu stellen. Die Frage, wie öffentlich Debatten sind und wie dialogisch, wie groß die Räume, ist durchgehend eine strukturelle Kernfrage dieser Stiftung, die es sich zum Anliegen gemacht hat, Formen nicht für banal zu halten. Dialog zu gestalten bedeutet das Zusammenführen von Wissen, Meinungen, Haltungen mit Menschen, Institutionen und Rollen, die Suche nach und die Auswahl von Akteuren und die Begleitung ihrer Begegnung – dynamisierend einerseits, moderierend, also mäßigend, andererseits – und das manchmal auch gleichzeitig. Diese Suche nach dem rechten Maß von Nähe und Distanz, von Vertraulichkeit und Irritation, den Weg zu gemeinsamen Haltungen und zu differenziertem Konsens haben wir 2019 in rund 50 Veranstaltungen intensiv betrieben.

Dabei hat sich das Konventsthema „DU BIST NICHT ALLEIN“ als tragfähig erwiesen. Und als durchaus sperrig. In einigen thematischen Schwerpunkten der Stiftungsarbeit ist dieses Leitwort überdeutlich zum Tragen gekommen: In der Sicherheitspolitik etwa der Diskurs über die Fragen des Innen und Außen, aber auch über das Sicherheitsempfinden und -wissen von Laien und ihre Einschätzungen zu verteidigungspolitischen und friedensethischen Notwendigkeiten;
in der großen Fotoausstellung der Darmstädter „Unwort“-Fotografen, die wir im Saal des Schader-Forums zeigten und mit einem umfassenden Programm zur Thematik von Flucht, Asyl und gesellschaftlicher wie politischer Aktion und Reaktion begleiten durften;
immer wieder in der Nachhaltigen Entwicklung, die uns seit zwei Jahren verstärkt in einem Verbundprojekt beschäftigt und deren Debatte das „DU BIST NICHT ALLEIN“ in seiner ganzen Brisanz in den Städten und Regionen und der Gesellschaft reflektiert;
bei Projekten zur Nutzung und Erschließung von Räumen, von Kleinstädten bis zum Moon Village – hierzu haben unlängst junge Kommunikationswissenschaftlerinnen in einem fruchtbaren Austausch mit der European Space Agency gearbeitet.

Zum Abschluss des 30. Jubiläumsjahres konnten wir den Band „Die Praxis der Gesellschaftswissenschaften“ herausgeben, der dreißig Perspektiven auf die Schader-Stiftung zu Ehren des 90. Geburtstags des Stifters Alois M. Schader vereint.

Wir sind nicht allein

Die Durchführung des jährlichen Konventstreffens wie auch die zeitnahe Dokumentation binnen sechs Wochen spiegelt die Teamarbeit der Schader-Stiftung wider. Vom Projektmanagement und der Veranstaltungstechnik bis zur wissenschaftlichen Begleitung sind die zwanzig Mitarbeitenden der Stiftung in den Konvent involviert, dienen als Gastgeberinnen der Dialog-Cafés, aktuelle und ehemalige Praktikantinnen protokollieren die Diskussionen. In diesem abgelaufenen Jahr konnten im Team ein 25-jähriges Dienstjubiläum und die Aufnahme in eine Akademie ebenso gefeiert werden wie drei akademische Abschlussarbeiten von jüngeren Kolleginnen. Der Vorstand mit Alois Schader, Christof Eichert und Alexander Gemeinhardt führt die Stiftung als Kollegialorgan. Der Stiftungsrat mit Rudolf Kriszeleit und Karin Wolff in der Leitung hält der Stiftung den Rücken frei für eine wirkungsvolle operative Tätigkeit, der Kleine Konvent begleitet die Stiftung als Wissenschaftlicher Beirat und trägt gemeinsam mit den Wissenschaftlichen Referenten konkret Verantwortung für die Vorbereitung des Großen Konvents.

Mit dem GrKo19 wurden zwei Persönlichkeiten nach dem Ablauf ihrer Amtszeit verabschiedet. Sie haben die Konventsarbeit von Anfang an begleitet und fallen nun den Regularien der Wahlsatzung zum Opfer, die sie einst selbst mit ausgetüftelt hatten: Gabriele Abels (Tübingen) und Klaus-Dieter Altmeppen (Eichstätt) waren seinerzeit Vorsitzende ihrer Fachgesellschaften der Politik- bzw. Kommunikationswissenschaft und gemeinsam mit dem bereits 2017 ausgeschiedenen Stephan Lessenich (München), ehemals Vorsitzender der Deutschen Gesellschaft für Soziologie, die erste Besetzung des Kleinen Konvents – 2013 noch nicht gewählt, sondern vom Stifter eingesetzt. Wir haben beiden viel zu verdanken: klaren inhaltlichen Rat, beherztes Engagement in der Begleitung unserer Arbeit, gerade beim Konvent auch in der direkten Unterstützung der Mitarbeiter und Mitarbeiterinnen der Geschäftsstelle. Mit ebensolchem Dank wurde Sebastian Kurtenbach (Münster) verabschiedet, der uns in der Nachfolge von Wiebke Drews (Florenz) als kooptiertes Konventsmitglied der nächsten akademischen Generation zwei Jahre begleitet hat und dem nun der Promovend Philipp Schulz (Heidelberg) nachfolgt. Neu gewählt wurden der Politikwissenschaftler Anselm Hager (Berlin) und die Kommunikationswissenschaftlerin Ulrike Röttger (Münster). Weitere Mitglieder im Kleinen Konvent bleiben die Sozial- und Kulturwissenschaftlerin Caroline Y. Robertson-von Trotha (Karlsruhe), die Ökonomin Gisela Kubon-Gilke (Darmstadt), der Soziologe Stefan Selke (Furtwangen) und der Stadtplaner und Wissenschaftliche Sekretär der Deutschen Akademie für Städtebau und Landesplanung Julian Wékel (Berlin).

Intensität und Größe

Aber reicht Dialog als Zweck einer Stiftung? Reicht das an Intensität, an Aktualität, an „Wirkung" – ein gern beschworenes Zauberwort der Stiftungsbranche? Müsste nicht auch die Schader-Stiftung ihre Funktion als Facilitator, als Dialogvermittlerin, als Plattform verlassen und selbst Akteur werden? Scheitern wir als Intermediär daran, mit Shimon Peres' Worten, nicht *groß* genug zu denken? Im filmischen „Prolog", der beim Großen Konvent präsentiert wurde und der erneut sechs sehr unterschiedliche Positionen einschließt, klingt immer wieder an, wie wichtig die Verbindung, der Perspektivwechsel, die Offenheit für anderes großes Denken und Handeln ist.

Auch die Schader-Stiftung versucht, groß zu denken – aber nicht allein. Wir versuchen, Kategorien der Größe, des Wachstums, Erfolgs und der Wirkung jeweils adäquat, neu und innovativ zu ermessen. Wir fahnden nach guten Gedanken, durchaus auch nach großen und mehr noch: nach den Räumen, die diesen Gedanken und Begegnungen Raum geben können. Ob man das aus dem hübschen Begriff der Schwarmintelligenz herleiten möchte oder aus dem Gedanken transformativen Wissenserwerbs – es soll und darf etwas entstehen, was größer ist. Es ist ein Bemühen um ein *größer, nachhaltiger, gerechter, friedlicher, wahrer, schöner, guter* – oder eben *besser*. Wir haben den Wunsch, dass am Ende eines Konvents wie auch am Ende eines Projekts gedanklich in den Köpfen, auch unseren, und Institutionen und sicher in verschiedensten Vernetzungen dieser Köpfe und Institutionen etwas Größeres entstanden ist als das, was zu Beginn hineingetragen wurde – ein Stiftungszweck im Elativ.

Das Erleben der Anderen

Nach dem Großen Konvent ist vor dem Großen Konvent und die Schader-Stiftung steuert auf ein ambitioniertes Jahr 2020 zu. Das neue Konventsthema soll wieder eine neue Perspektive eröffnen; genauer: Viele Perspektiven. Die banale Feststellung, nicht allein zu sein, führt schnurstracks zur Frage, wie genau es denn für diejenigen sein mag, mit denen wir nicht allein, sondern zusammen sind. Wie sehen sie aus, die anderen Perspektiven, die ganz alten und ganz neuen Sichtweisen – und jene alltäglichen genau dazwischen? Wie denken, fühlen, arbeiten, lieben, träumen, leben die Anderen, was erleben sie? Und wie erleben wir sie? Und wer ist dann Wir und Andere? „L'enfer, c'est les autres", nach Sartre aber deshalb, weil in der Auseinandersetzung mit dem Anderen die Herausforderung schlechthin liegt. Nicht allein zu sein und Andere zu erleben, das scheint banal. Wir sind überzeugt, es wird spannend, aufschlussreich – und ein aktuelles Konventsthema. Die Spurensuche hat bereits begonnen und wird durch viele Projekte hindurch auf dem Weg zum achten Großen Konvent im November 2020 führen: „Das Erleben der Anderen".

Alexander Gemeinhardt
Geschäftsführender Vorstand
Direktor des Stiftungszentrums

2 Programm

10:30 – 10:45 Uhr

Begrüßung
Alexander Gemeinhardt,
Vorstand der Schader-Stiftung

10:45 – 11:00 Uhr

Prolog

„DU BIST NICHT ALLEIN" – Sechs Perspektiven

11:00 – 11:45 Uhr

Keynotes „Öffentlicher Raum im Dialog"

Prof. Dr. Nicole Deitelhoff,
Leibniz-Institut Hessische Stiftung Friedens- und Konfliktforschung

Prof. Dr. Michael Göring,
ZEIT-Stiftung Ebelin und Gerd Bucerius

11:45 – 12:20 Uhr

Aussprache

Gesamtmoderation
Prof. Dr. Klaus-Dieter Altmeppen,
Katholische Universität Eichstätt-Ingolstadt

Prof. Dr. Caroline Y. Robertson-von Trotha,
Karlsruher Institut für Technologie (KIT)

12:20 – 12:30 Uhr

Wahl

Erläuterung des schriftlichen Verfahrens und Vorstellung der Kandidierenden für den Kleinen Konvent (Wissenschaftlicher Beirat) der Schader-Stiftung

12:30 – 13:30 Uhr

Mittagessen

Dialog-Cafés

Dialog-Café 1 Sicherheit

Begleitung: ***Prof. Dr. Stefan Selke,*** Hochschule Furtwangen
Moderation: ***Dr. Kirsten Mensch,*** Schader-Stiftung

Öffentlicher Raum kann für die Einzelnen in vielen Facetten auftreten: als erwünschter und positiv besetzter Raum, zum Beispiel als Platz zum Shoppen, Bummeln und Im-Café-Sitzen, ... Oder als zu vermeidender, negativ besetzter Raum, etwa als Verkehrsraum mit allerlei Gefahren, als Angstraum, der das Sicherheitsgefühl beeinträchtigt. Unabhängig davon war der öffentliche Raum schon immer auch Bühne für Meinungsäußerungen, Engagement und Mitwirkung. Welche Verantwortung tragen die Einzelnen für den öffentlichen Raum? Welches Maß an Sicherheit erwarten sie? Welche Freiheiten sind ihnen wichtiger als eine niemals hundertprozentige Sicherheit?

Dialog-Café 2 Grenzen

Begleitung: ***Andrea Bartl,*** Stiftung Lesen, Mainz
Moderation: ***Saskia Flegler,*** Schader-Stiftung

Der Begriff „Öffentlicher Raum" suggeriert Erreichbarkeit, Nutzungsrechte und freien Zugang für jedes Gemeinschaftsmitglied. Tatsächlich aber ist öffentlicher

Raum mit Grenzen verbunden – sie sind mal mehr, mal weniger sichtbar und betreffen unterschiedliche gesellschaftliche Gruppen. Sie können sozialer oder räumlicher Natur sein und sich aus der Beschaffenheit des öffentlichen Raums oder aus den Lebensumständen derjenigen ergeben, die ihn nutzen wollen. Öffentlicher Raum findet sich vor unser aller Haustür. Seit jedoch denkbar ist, dass Menschen sich auf weit entfernten Planeten bewegen, lässt sich die Frage stellen, wodurch unsere Vorstellung von öffentlichem Raum begrenzt ist. Endet sie mit der Atmosphäre der Erde oder könnten sich in naher Zukunft ähnliche Fragen rund um öffentlichen Raum auf anderen Himmelskörpern stellen?

Dialog-Café 3 Planung

Begleitung: ***Prof. Dr. Caroline Y. Robertson-von Trotha,*** Karlsruher Institut für Technologie (KIT)
Moderation: ***Peter Lonitz,*** Schader-Stiftung
Im Jahr 2050 werden zwei Drittel aller Menschen in Städten leben – wie können Bewohnerinnen mit unterschiedlichen kulturellen, religiösen oder ethnischen Hintergründen friedlich koexistieren? Daraus ergibt sich die Frage nach der Beziehung zwischen urbanem Planen und städtischen Lebensbedingungen. Wie hat sie sich historisch gewandelt? Wie kann eine offene Stadt aussehen, die geprägt ist von Vielfalt und Veränderung – und deren Bewohner Fähigkeiten im Umgang mit Unsicherheiten entwickeln? Es braucht eine Urbanistik, die eine enge Zusammenarbeit von Planenden und Bevölkerung einschließt und voraussetzt – und die Erkenntnis, dass eine Stadt voller Widersprüche urbanes Erleben nicht einengt, sondern bereichert.

Dialog-Café 4 Ambivalenzen

Begleitung: ***Prof. Dr. Gisela Kubon-Gilke,*** Evangelische Hochschule Darmstadt
Moderation: ***Dr. Tobias Robischon,*** Schader-Stiftung
Das Öffentliche ist ein Ort voller Ambivalenzen. Öffentliche Räume – oder sagt man besser: Räume des Öffentlichen? – sind physischer wie kommunikativer Natur. Sie gelten als dem öffentlichen Wohl besonders dienliche, allgemein zugängliche Güter. Doch der öffentliche Raum ist weder mit dem „Öffentlichen" an sich noch mit einem öffentlichen Gut identisch. Öffentliches Eigentum sichert das Öffentliche nicht, Privateigentum verhindert es nicht. Ein Raum des Öffentlichen dient nicht zwingend auch dem öffentlichen Wohl. Und dennoch gelten Räume des Öffentlichen als Grundlage demokratischer Öffentlichkeit wie Basis gesellschaftlicher Integration.

Dialog-Café 5 Nachhaltige Entwicklung

Begleitung: ***Prof. Dr. Gabriele Abels,*** Eberhard Karls Universität Tübingen
Moderation: ***Karen Lehmann,*** Schader-Stiftung
Wie kann öffentlicher Raum genutzt werden, um Diskussionen bezüglich einer Transformation hin zu einer nachhaltigen Wirtschafts- und Lebensweise anzufachen? Wie wird unser Verhalten virtuell beeinflusst und kann dies wirklich zu einer spürbaren Veränderung im Handeln führen? Auf welche Weise ist dabei die globale Perspektive in die Nachhaltigkeitsdebatte einzubeziehen?

Dialog-Café 6 Vielfalt

Begleitung: ***Dr. Sebastian Kurtenbach,*** Fachhochschule Münster
Moderation: ***Dennis Weis,*** Schader-Stiftung
Als Ort mit vermeintlich gleichberechtigter Zugänglichkeit und einer Vielfalt an Nutzungsmöglichkeiten ermöglicht öffentlicher Raum Begegnungen und bringt Menschen in Kontakt mit kulturellen Umgebungen, die durch Migration entstehen. Kulturelle Repräsentation sowie die Sichtbarkeit von Vielfalt können grundlegende Aushandlungsprozesse anstoßen. Eine diversitätssensible Gestaltung des öffentlichen Raums eröffnet somit Spielräume zur Identifikation mit zweierlei: Dem Eigenen wie auch dem Fremden. Doch wird der öffentliche Raum von verschiedenen städtischen Gruppen überhaupt angenommen? Dient die gemeinsame Aneignung von Räumen der gesellschaftlichen Integration oder fördert sie kulturelle Konflikte?

13:30 – 14:30 Uhr

Session 1

Dialog-Café 1 Gefühlt sicher: Die subjektive Wahrnehmung von Sicherheit

Dr.-Ing. Julian Petrin, urbanista, Hamburg / Stadtlabor Nexthamburg

Der geforderte Grad der Sicherheit im öffentlichen Raum ist nicht nur eine Frage der Statistik, sondern vielmehr zunehmend Folge subjektiver Perspektiven. Je gefährdeter die Gesamtsicherheitslage wahrgenommen wird, umso größer ist das geäußerte Bedürfnis nach sicherheitserzeugenden Maßnahmen. Welche Rolle dürfen hierbei Emotionen, Stereotype und Vorurteile spielen? Wer nutzt sie in welchem Sinne? Wie äußert sich das Sicherheitsbedürfnis bei der Gestaltung öffentlicher Räume, die zunehmend unter Beteiligung von Bürgerinnen und Bürgern stattfindet?

Dialog-Café 2 Abgegrenzt – Sozialer und materieller Ausschluss

Dr. Anna-Lisa Müller, Universität Osnabrück

Im vermeintlich für alle öffentlichen Raum finden sich Barrieren, die es bestimmten gesellschaftlichen Gruppen erschweren oder sogar unmöglich machen, Teil dieses Raums zu sein. Diese Barrieren, die sich durch fehlende Ressourcen oder „falsche" Eigenschaften eines Menschen ergeben, können sozialer Natur sein. Nicht jeder ist überall willkommen, nicht jede hat eine Stimme im öffentlichen Raum, verschiedene Gruppen können miteinander in Konflikt geraten. Die Teilhabe am öffentlichen Raum kann jedoch auch durch dessen räumliche und materielle Gestaltung erschwert oder verwehrt werden.

Dialog-Café 3 Leitbild Funktion

Dr.-Ing. Elena Wiezorek, Architektenkammer Rheinland-Pfalz, Mainz

Der öffentliche Raum ist historisch mit den Emanzipationsversprechen der bürgerlichen Gesellschaft verbunden: durchgesetzte Demokratie, offene Märkte, Individualisierung und soziale Integration ohne Verneinung von Differenz. Eine wachsende staatliche Regulierung und Kontrolle des öffentlichen Raums oder dessen Überformung durch wirtschaftliche Imperative und eine Veränderung oder gar Auflösung des Gegensatzes von Öffentlichkeit und Privatheit steht seit den 1990er Jahren im Zentrum vieler Diskussionen. Doch war der öffentliche Raum nie für alle gleichermaßen zugänglich und seine Ökonomisierung ist heute auch nicht absolut und ungebrochen. Wie sehr hat sich die Funktion des öffentlichen Raums im historischen Kontext gewandelt – hin zur isolierenden, reglementierten und überwachten Stadt?

Dialog-Café 4 Das Öffentliche als Schutzgut

Prof. Dr. Richard Sturn, Karl-Franzens-Universität Graz, Institut für Finanzwissenschaft und Öffentliche Wirtschaft

Öffentliche Räume gelten als elementarer Bestandteil des „Öffentlichen", sind im ökonomischen Sinne jedoch keine reinen öffentlichen Güter. Vielfältige Nutzungsrivalitäten bestimmen den Alltag auf Straßen und Plätzen, die allgemeine Zugänglichkeit vieler öffentlicher Orte ist beschränkbar. Eigentumsverhältnisse und Nutzungsregeln können den öffentlichen Charakter eines Raums faktisch prekär machen oder aber unterstützen – aber nicht in handelbares Privatgut transformieren. Gleiches gilt für öffentliche Kommunikationsräume. Wie kann der Öffentlichkeitscharakter von Gütern ökonomisch, politisch und rechtlich gesichert werden?

Dialog-Café 5 Die Stadt

Britta Rösener, Rheinisch-Westfälische Technische Hochschule Aachen

Öffentlicher Raum ist häufig ein knappes und daher hart umkämpftes Gut. Stadtentwicklung birgt immer wieder große gesellschaftliche Konfliktpotenziale. Ein ambitioniertes Ziel wie die Transformation zu einer nachhaltigeren Stadt bedarf weitreichender Neuregulierungen im öffentlichen Raum. Wie kann die Umgestaltung des öffentlichen Raums erfolgreich und konsensorientiert gestaltet werden? Welche Bedeutung hat der öffentliche Raum als Begegnungsraum für verschiedene Interessen?

Dialog-Café 6 Kommen
Prof. Dr. Klaus-Dieter Altmeppen, Kath. Universität Eichstätt-Ingolstadt
Das Stadtbild mit seinen dazugehörigen öffentlichen Bewegungsräumen fordert kulturelles Verständnis der Gegebenheiten. Wie kann es Ankommenden anfangs gelingen, sich zu orientieren? Andererseits muss der Blick auch auf die hier lebenden Menschen gerichtet und deren Anpassungsfähigkeit an neue Umstände und Herausforderungen hervorgehoben werden. Welche Aushandlungsprozesse bestimmen die Entwicklung des öffentlichen Raums? Kann die Erfahrung von Anpassungsdruck auch als Zugangsbarriere zum öffentlichen Raum verstanden werden? Was können Städte und Regionen von „Arrival Cities", also von Städten, in denen sich schon andere Zugezogene niedergelassen haben, lernen? Wie können die Kontaktpunkte für Ankommende effektiv gestaltet werden? Welche Ortskenntnisse und welche sozialen Codes sind von elementarer Bedeutung, um sich am Ankunftsort zurechtzufinden?

14:30 – 14:45 Uhr Pause

14:45 – 15:45 Uhr

Session 2

Dialog-Café 1 Geprüft sicher: Überwachung zur Förderung von Sicherheit am Beispiel China
Antonia Hmaidi, Universität Duisburg-Essen
Überwachung im öffentlichen Raum wird oft und in letzter Zeit vermehrt als sicherheitsfördernde Maßnahme gewertet und entsprechend technologisch umgesetzt. Ein in westlichen Augen drastisches Beispiel der Überwachung zeigt sich in China, unterstützt auch durch das dort eingeführte Social-Credit-System. Dort hingegen stößt dieses bei vielen auf Verständnis und auch Zustimmung. Gibt es das richtige Maß an Überwachung?

Dialog-Café 2 Ausgegrenzt – Fernab vom öffentlichen Leben
Prof. Dr. Naime Çakır-Mattner, Justus-Liebig-Universität Gießen
In unserer Gesellschaft gibt es Personengruppen, die sich am Rande der Gemeinschaft anstatt in ihrer Mitte wiederfinden. Betroffen sind häufig alte Menschen, Menschen mit Erkrankungen oder Behinderungen, Wohnungslose, Suchtkranke oder Asylsuchende. Sie bewegen sich zwar in der Öffentlichkeit, haben jedoch aus unterschiedlichen Gründen am öffentlichen Leben nicht vollwertig teil. Exemplarisch für diese Nicht-Teilhabe steht weiterhin eine wenig beachtete Gruppe: Frauen, die aus religiösen oder ideologischen Gründen keine Teilhabechancen am öffentlichen Raum haben oder sich diese selbst nicht einräumen. Wie konstituiert sich ihr Ausschluss vom öffentlichen Leben? Welche Annahmen über die Situation dieser Frauen sind stereotyp, wie sieht ihre Lebensrealität tatsächlich aus?

Dialog-Café 3 Leitbild Nutzung
Reiner Nagel, Bundesstiftung Baukultur, Potsdam
Privatisierung, internationale Trends und Moden erschweren die Praxis der Beplanung öffentlichen Raums, während die Möglichkeiten der Einflussnahme für private Akteure im Rahmen von Deregulierung stetig zunehmen. Die Planung gerät zunehmend in Interessenskonflikte zwischen öffentlichem Auftrag und (privat-)wirtschaftlich orientiertem Handeln. Es ist daher wichtig, Planung transparenter, prozessualer, öffentlicher, demokratischer, politischer und damit konsensfähiger zu machen. Je intensiver und früher die späteren Nutzer in den Planungsprozess einbezogen wurden, desto intensiver wird der öffentliche Raum genutzt: Die Identifikation mit dem Raum und damit auch das Verantwortungsbewusstsein für ihn wächst. Wie können die Planungsprozesse transparent und nachvollziehbar gestaltet werden und die (späteren) Nutzer des öffentlichen Raums in die Beteiligungskultur eingebunden werden?

Dialog-Café 4 Öffentlichkeit als demokratische Tragödie
Prof. Dr. Otfried Jarren, Universität Zürich
Öffentliche Plätze waren stets knapp und umkämpft. Aufmerksamkeit ist ein arg knappes Gut. Der Zugang zur Öffentlichkeit war allerdings voraussetzungsvoll, es gab – und gibt – Platzwächter, Schleusenwärter und Moderatoren. Was aber ist, wenn alle auf die Plätze drängen, jederzeit vortragen können und Aufmerksamkeit einfordern?

Dialog-Café 5 Das Digitale
Dr. Jonathan Kropf, Universität Kassel
Der öffentliche Raum existiert nicht mehr nur auf der Straße, längst wird er online erweitert. Dabei scheint das virtuelle Sehen und Gesehenwerden eine wachsende Rolle zu spielen. Verhaltensweisen werden gezeigt, honoriert und sanktioniert. So entstehen neue soziale Erwartungen, beispielsweise die sogenannte „Flugscham", die Konfirmationsdruck, Scheinanpassung oder Verhaltensänderung bei den Einzelnen bewirken können. Welche Chancen und Risiken birgt diese Dynamik? Inwiefern kann sie Teil einer Strategie zur Förderung Nachhaltiger Entwicklung sein?

Dialog-Café 6 Bleiben
Prof. Dr. Andreas Pott, Universität Osnabrück
Öffentliche Räume bieten die Möglichkeit, sich die Regeln und Normen einer neuen Umgebung anzueignen. Die Teilnahme und Teilhabe am öffentlichen Leben führen zu Akkulturationsprozessen und zur Identifikation mit der städtischen Gesellschaft und bestimmten städtischen Orten. Welche biographischen Erfahrungen stehen hinter der Partizipation? Wer bereitet in superdiversen Stadtgesellschaften die Bühne im öffentlichen Raum? Wer ist hörbar und wer ist unsichtbar?

15:45 – 16:00 Uhr Pause

16:00 – 17:00 Uhr

Session 3

Dialog-Café 1 Vernetzt sicher: Sicherheit und Verantwortung im virtuellen Raum
Thomas Reinhold, Technische Universität Darmstadt
Der öffentliche Raum umfasst nicht nur Plätze und Straßen, sondern auch die virtuelle Realität. Unter dem Stichwort Cybersecurity wird mehr und mehr die Sicherheit im Netz diskutiert: sowohl was die individuellen Nutzerinnen und Nutzer angeht als auch in Bezug auf relevante und zugleich vulnerable Infrastrukturen. Wie ist es um die Sicherheit und Verantwortungsübernahme im virtuellen öffentlichen Raum bestellt?

Dialog-Café 2 Grenzenlos – Öffentlicher Weltraum
Rada Popova, Universität zu Köln, Institut für Luftrecht, Weltraumrecht und Cyberrecht
Der Klimawandel hat sichtbare Auswirkungen und wird in unserer täglichen Wahrnehmung immer präsenter. Ressourcen werden knapper, die Zukunft des Lebensraums Erde ist ungewiss. Pläne zur Gewinnung von Ressourcen im Weltraum haben es längst auf die rechtlich-politische Agenda geschafft. Viele Erzeugnisse von Wissenschaft und Technik übersteigen unsere Vorstellungskraft bei Weitem. Die Idee von menschlichem Leben jenseits der Atmosphäre – etwa auf orbitalen Weltraumstationen oder anderen Himmelskörpern – ist nicht neu. Eine konkrete Ausprägung ist die Vision eines Moon Village. In naher Zukunft könnte sich der für Menschen nutzbare öffentliche Raum – sowohl als Wirkungsbereich als auch als Existenzgrundlage – in den Weltraum ausdehnen. Wären wir dort mit den gleichen Fragen und Konfliktlinien rund um die Teilhabe am öffentlichen Raum konfrontiert? Wem gehört der öffentliche (Welt)raum?

Dialog-Café 3 Leitbild Schönheit
Prof. Dr. Wolfgang Sonne, Technische Universität Dortmund
Das Ziel, dass verschiedene Gruppen den öffentlichen Raum vielfältig nutzen, kann nicht erzwungen werden. Dennoch kann der öffentliche Raum durch seine Gestaltung Handlungen ermöglichen oder verhindern. Neben Regulativen und Kontrollen beeinflussen bauliche Elemente wie Sitzgelegenheiten zweifellos die Nutzung eines öffentlichen Raums. Auch die Lage und die Zugänglichkeit öffentlicher Räume spielt für die Möglichkeit von Vielfalt eine Rolle. Und nicht zuletzt ist die Anmutung der raumbildenden Architektur von entscheidender Bedeutung. Allerdings entwickelt sich die Nutzungsqualität von Orten nicht über Nacht. Wenn diese Orte zu sehr inszeniert erscheinen, ziehen sie nur bestimmte Nutzergruppen an und werden schwerlich Teil eines alltäglichen Stadtlebens. Wie kann ein öffentlicher Raum aussehen, der Vielfalt, Aneignung und Veränderung nicht nur zulässt, sondern auch die Voraussetzungen dafür schafft?

Dialog-Café 4 Offene Räume als Integrationsort und Dystopie
Alexander Krahmer, Helmholtz-Zentrum für Umweltforschung – UFZ Leipzig und Zentrum für urbane Unsicherheit
Öffentlichkeit erzeugt aus sich heraus keine gesellschaftliche Integration, und die freie Nutzbarkeit öffentlicher Räume garantiert deren Gemeinwohldienlichkeit nicht. Öffentliche Räume können Sehnsuchtsorte demokratischer Öffentlichkeit sein, aber auch als dystopische Angsträume wahrgenommen werden. Wie integrationsstiftend sind öffentliche Räume?

Dialog-Café 5 Die Frage der Gerechtigkeit
Dr. Christine Heybl, Autorin, Potsdam
Moderne technische Möglichkeiten erlauben es, Informationen aus allen Teilen der Welt zeitnah und umfassend abzurufen. Der öffentliche Raum dehnt sich aus. Einige Signale, wie das Pariser Klimaschutzabkommen und weltweite Bewegungen wie Fridays for Future, geben Hoffnung, dass sich die Weltgemeinschaft gemeinsam der Herausforderung stellen wird. Dennoch scheint dieses Mehr an Informationen keine spürbare Änderung im Verhalten mit sich gebracht zu haben. Braucht es in Deutschland mehr Bewusstsein für eine globale Welt mit geteilten Chancen und geteilter Verantwortung? Welche Rolle spielt die Art der Kommunikation im öffentlichen Raum, um globale Wirkverhältnisse zu reflektieren und Handlungsoptionen aufzuzeigen?

Dialog-Café 6 Gehen
Prof. Dr. Margit Fauser, Hochschule Darmstadt
Innereuropäische Migration nach Deutschland erscheint oftmals als Drehtür-Effekt. Viele Menschen, die aufgrund besserer Bedingungen auf dem Arbeitsmarkt nach Deutschland gekommen sind, verlassen das Land nach einigen Jahren schon wieder. Insbesondere höher qualifizierte Fachkräfte wandern weiter. Daraus lässt sich schließen, dass eine Vielzahl der Zuwanderinnen und Zuwanderer keine langfristige berufliche Karriere in Deutschland verfolgt. Gut ausgebildete Fachkräfte wie Expatriierte nehmen Deutschland als unattraktiv und engstirnig wahr. Unabhängig davon nehmen diese Menschen am öffentlichen Leben teil. Wie kann ihnen einstweilen die Eingliederung in die Gesellschaft erleichtert werden? Sucht diese Gruppe überhaupt nach öffentlichen Räumen oder werden Gated Communities bevorzugt? Welche weichen Standortfaktoren können im öffentlichen Raum gefördert werden, um Deutschland für diese Nutzergruppe attraktiver zu machen?

17:00 – 17:30 Uhr

Den öffentlichen Raum in Frage stellen

Letzte Fragen und Quiz
Alex Dreppec, alias Dr. Alexander Deppert, Science Slam Darmstadt
Maike Axenkopf, AK Tagungsrevolte, Berlin

Stiftungsratsleitung
Gratulation an die neuen Mitglieder des Kleinen Konvents
Dr. Rudolf Kriszeleit, Staatssekretär a.D.,
Vorsitzender des Stiftungsrats

Vorstand Verabschiedung

17:30 – 21:00 Uhr

Jazz-Lounge

Marc Mandel, Slam Basis e.V., Darmstadt

3 Prolog

Der Prolog des Großen Konvents der Schader-Stiftung 2019 steht für Sie als Aufzeichnung unter www.schader-stiftung.de/GrKo19 oder auf dem Youtube-Kanal der Schader-Stiftung zur Verfügung.

4 Keynotes

Die Keynotes des Großen Konvents der Schader-Stiftung 2019 stehen für Sie als Aufzeichnung unter www.schader-stiftung.de/GrKo19 oder auf dem Youtube-Kanal der Schader-Stiftung zur Verfügung. Die beiden Vortragsmanuskripte wurden für die Druckfassung leicht überarbeitet.

Prof. Dr. Nicole Deitelhoff, Leibniz-Institut Hessische Stiftung Friedens- und Konfliktforschung

Herzrhythmusstörungen: Der öffentliche Raum als Herzkammer der Demokratie

Gegenwärtig beklagen viele zwei Verfallsformen der Auseinandersetzung im öffentlichen Raum: die Einnischung und die Verrohung. Einnischung meint die Beobachtung, dass immer weniger Bürgerinnen und Bürger sich in die allgemeine öffentliche Auseinandersetzung einschalten. Wenn sie sich auseinandersetzen, tun sie dies eher in kleinen Communities, die durch Affinität geprägt sind, aber nicht mehr über die Grenzen dieser Communities hinweg. Verrohung spricht dagegen darauf an, dass wenn wir öffentliche Auseinandersetzungen erleben, sie an Zivilität verlieren, was sich vor allem in der Sprache, in persönlichen Angriffen bis hin zur Verleumdung und Gewalt ausdrückt: Die Debatte um die Äußerung des AfD-Mitglieds und Vorsitzenden des Rechtsausschusses im Bundestag, Stephan Brandtner, ist dafür ein gutes Beispiel. Obgleich diese Verfallsformen auf den ersten Blick in gegensätzliche Richtungen weisen, haben sie einen ähnlichen Effekt: sie führen zur Erlahmung öffentlicher Auseinandersetzung mit potenziell gefährlichen Folgen für die Demokratie. Ich will diese Probleme der Erlahmung in meinen Bemerkungen heute kurz skizzieren und an ihnen die Gefährdungen demokratischer Gesellschaften verdeutlichen.

Zur Bedeutung des öffentlichen Raums für Demokratie

Der öffentliche Raum ist so etwas wie die Herzkammer der Demokratie. Er pumpt, um im Bild zu bleiben, das Blut in die zentralen Organe der Demokratie, sodass sie ihre Arbeit vernünftig tun können. Im öffentlichen Raum werden Meinungen geäußert, aber auch erst im Diskurs gebildet, verändert, verhandelt und schließlich in politischen Willen verwandelt, so denn alles seinen richtigen Gang nimmt. Der öffentliche Raum ist mithin ein durchaus komplexer Raum, er hat Vorhöfe, die wir etwa auch schwache Öffentlichkeiten nennen, und starke Öffentlichkeiten (also die Hauptkammer), Parlamente etwa. Während erstere Meinungen und Positionen produzieren und verstärken, sind letztere für deren Umwandlung in politischen Willen verantwortlich.

Damit das funktioniert, ist es von großer Bedeutung, dass der Zugang zum öffentlichen Raum elastisch bleibt. Das heißt, dass möglichst viele Meinungen und Positionen Zugang erhalten, denn nur dann ist sichergestellt, dass die Bürgerinnen und Bürger eines demokratischen Gemeinwesens sich auch in diesem, das heißt in den gemeinsamen Normen und Institutionen wiederfinden. Gerade in der Zurückweisung von ihnen zunächst „fremden" Ansprüchen, Bewertungen und Forderungen und im öffentlichen Streit entdecken und formen die Bürgerinnen und Bürger ihre

Haltungen und Positionen zu Fragen konkurrierender Werte und umstrittener Normen. Zugleich erfahren sie sich auch erst in dieser Auseinandersetzung, im Ringen miteinander um die Normen und Werte, die ihr Zusammenleben gestalten sollen, als Teil eines Kollektivs und nehmen ihr Gemeinwesen in Besitz. „Du bist nicht allein" ist das Programm des öffentlichen Raums in der Demokratie: In der Auseinandersetzung über strittige Normen und Institutionen erkennt man sich erst als Teil eines demokratischen Ganzen.

Allerdings ist es keineswegs ausgemacht, dass dieses Modell funktioniert: Schon der Übergang von der frühbürgerlichen Gesellschaft in die industrielle Massengesellschaft setzte es unter Druck: Je mehr sich nämlich die öffentliche Kommunikation von der Face-to-Face-Interaktion im Sinne von Versammlungsöffentlichkeiten und -räumen entfernt und durch massenmediale indirekte Kommunikation ersetzt wird, desto schwieriger wird es für den einzelnen Bürger, sich aktiv in den öffentlichen Raum einzuschalten. Die Bürgerinnen und Bürger werden eher zu passiven Konsumenten im öffentlichen Raum, der zunehmend durch professionelle Medienanbieter und wirtschaftliche Akteure strukturiert wird. Allerdings gibt es immer wieder, gerade aus der Zivilgesellschaft, Organisationen und Gruppen, die den öffentlichen Raum quasi stürmen und die Bürgerinnen und Bürger gleichsam aus ihrer Lethargie aufwecken und so für die notwendigen Identifikations- aber auch Aneignungsprozesse sorgen.

Eine weitere Komplikation ist die Pluralität der jeweiligen Gesellschaft. Lange galt es für viele als ausgemacht, dass eine der Grundvoraussetzungen für dieses Modell sei, dass die Bürgerinnen und Bürger bereits über eine hinreichende Menge an gemeinsamen Positionen, Werten und Einschätzungen verfügen, damit sich aus der Vielfalt der Stimmen auch wirklich ein einheitlicher Wille bilden ließe und die öffentliche Auseinandersetzung nicht zum Kampf degeneriere. Diese Voraussetzungen lösen moderne Gesellschaften allerdings schon lange nicht mehr ein, wenn sie es denn überhaupt je taten. Die gerade gegenwärtig so starke Sehnsucht nach der homogenen Gemeinschaft, nach einer überschaubaren und vertrauten Heimat ist eben fast immer eine *imagined community*, ein Sehnsuchtsort auf einer Ansichtskarte.

In pluralistischen Gesellschaften, mit denen wir es im Allgemeinen zu tun haben, kann also nicht auf eine vorgängige Gemeinschaft gesetzt werden oder auf ein dichtes Ethos geteilter Werte und Vorstellungen eines geglückten Lebens, um die Bündelung öffentlicher Meinungen in einen politischen Willen zu erzeugen; vielmehr müssen die Strukturen und Verfahren der Demokratie selbst dafür Sorge tragen, dass sich aus der Kakophonie diverser Ideen und Vorstellungen so etwas wie ein politischer Wille schmieden lässt, ohne eben im Kampf zu degenerieren.

Sie tun das, indem sie sich radikal der Pluralität zuwenden, das heißt, sie immer wieder zum Gegenstand öffentlicher Auseinandersetzung werden lassen. Radikal ist diese Zuwendung, weil sie die Verunsicherung der Bürgerinnen und Bürger gleichsam auf Dauer stellt, aber diese Radikalität wird gezähmt, indem die demokratischen Verfahren und Strukturen den öffentlichen Raum immer mehr einhegen. Das geschieht zum einen durch formalisierte Zugänge (Beteiligungsrechte), andererseits über Verfahrensrechte und das Strafrecht, die die Zivilität und Konklusivität der Auseinandersetzung sichern sollen.

Trotz all dieser Schutzmaßnahmen kann der öffentliche Raum Auseinandersetzungen aber nicht garantieren: Er kann im beste Falle die Voraussetzung dafür schaffen, aber er ist auch auf Bürgerinnen und Bürger angewiesen, die bereit sind, die Auseinandersetzungen zu führen. Wenn entweder die Voraussetzungen fehlen oder nicht wirksam werden oder die Bürgerinnen und Bürger die Auseinandersetzung abzulehnen beginnen, dann kommt es über kurz oder lang zur Krise der Demokratie, zu Herzrhythmusstörungen, um doch noch einmal das Bild zu bemühen, schlussendlich zum Infarkt. Dann gerät nämlich beides in Gefahr: das Gefühl, Teil eines Kollektivs zu sein und darüber vermittelt letztlich auch die Aneignung der gemeinsamen Normen und Institutionen.

Tendenzen der Erlahmung öffentlicher Auseinandersetzung

Was sind nun die Symptome der demokratischen Herzrhythmusstörungen, die sich gegenwärtig beobachten lassen? Ich glaube, es lassen sich drei Problemkreise ausmachen, die ich kurz skizzieren will: eine Erlahmung öffentlicher Auseinandersetzung durch Entfremdung, durch Abwendung und durch Zersetzung. Diese Probleme sind keineswegs komplett unabhängig voneinander, sondern beeinflussen sich auch wechselseitig, dennoch ist es sinnvoll, sie kurz einzeln vorzustellen:

Erlahmung durch Entfremdung

Viele Studien zeigen auf, dass sich ein erklecklicher Anteil der Bevölkerung nicht mehr in die allgemeine öffentliche Auseinandersetzung einschaltet. Wir sehen etwa, dass Auseinandersetzungen zwar in kleinen Milieus (über den Gartenzaun) konstant bleiben oder sogar zunehmen, aber über die jeweiligen kleinen Communities hinweg geringer werden. Jüngst zeigte etwa die Studie der Organisation „More in Common", dass etwa ein Drittel der Gesellschaft, in ihren Worten das „unsichtbare Drittel", sich gar nicht mehr beteilige und sich gleichsam abkoppele. In dieser Gruppe sei der Vertrauensverlust gegenüber Politik besonders hoch. Woran liegt das? Ich denke, dass wir mindestens zwei mögliche Ursachen heranziehen sollten:

Die elementare Krisenerfahrung der letzten zwei Jahrzehnte im Kontext von Globalisierung: Medial transportierte und verstärkte globale Krisenerscheinungen, wie die Wirtschafts- und Finanzkrise der 2000er und dann noch einmal verstärkend die zur Existenzkrise überhöhte Flüchtlingsbewegung Richtung Europa der 2010er Jahre, haben bei vielen Bürgerinnen und Bürgern ein Gefühl elementarer Verunsicherung hervorgerufen, ob die Politik die Kompetenzen hat, um den entfesselten Globalisierungskräften etwas entgegenzusetzen oder, negativ konnotiert, ob ihr nicht schon der Wille fehlt, dies zu tun.

Auch die zunehmende Ungleichheit wird in diesem Kontext relevant. Globalisierung hat zwar einige profitieren lassen und neue Möglichkeiten geschaffen, für andere hat sie aber zum Wegfall von Möglichkeiten und sozialem Abstieg geführt und die Schere zwischen Arm und Reich weiter vergrößert. Die sich selbst als abgehängt Empfindenden sehen in der Globalisierung keine Chancen mehr, sondern nur mehr elementare Existenzrisiken. Im Zusammenspiel mit der sinkenden Wirksamkeit nationaler Institutionen zeichnet sich in der Gruppe der „Verlierer" eine stark abnehmende Offenheit für demokratische Konfliktkultur ab, verbunden mit dem Ruf nach mehr Autorität.

Globalisierung hat eben nicht nur die Individualisierung von Lebensentwürfen und Wertvorstellungen beschleunigt, sie hat auch die Kongruenz von politischen Entscheidungsräumen und sozialen Handlungszusammenhängen verringert. Die Transnationalisierung von sozialen Handlungszusammenhängen reduziert die Wirkmächtigkeit politischer Entscheidungen auf der nationalen Ebene. Je mehr zugleich auch Entscheidungen auf die transnationale Ebene abwandern, um ihre Wirkmächtigkeit wieder herzustellen, desto geringer werden die Anreize, die nationalen politischen Institutionen der Willensbildung als Arena für die gesellschaftliche Auseinandersetzung wahrzunehmen. Entfremdung und Misstrauen sind die verbreiteten Folgen.

Die Zumutung der demokratischen Verfahren selbst: Darüber hinaus muss andererseits aber auch Politik wieder politischer werden. Gerade auch, um der gestiegenen Pluralität der Gesellschaft und Komplexität ihrer Problemlagen gerecht zu werden, hat sich Politik immer mehr aus den klassischen Institutionen, vulgo: den starken öffentlichen Räumen, heraus bewegt und mit Expertengremien oder Runden Tischen gearbeitet. Diese haben natürlich ihre Berechtigung, aber nur im Hintergrund und in der Entscheidungsvorbereitung. Politik muss wieder politische Auseinandersetzungen führen, die für die breite Öffentlichkeit erfahrbar sind und als wirksam empfunden werden.

Erlahmung durch Abwendung

Erlahmung durch Abwendung hängt eng mit den oben skizzierten Prozessen zusammen und beschreibt eine Bewegung von der Beteiligung an gesamtgesellschaftlichen öffentlichen Auseinandersetzungen zur Auseinandersetzung in kleinen digitalen *affinity groups*, also oftmals bestenfalls in teilöffentlichen Gruppen, die sich durch Ähnlichkeiten definieren. Diese digitalen Räume lassen sich durchaus als emanzipatorisch beschreiben in dem Sinne, indem sie Bürgerinnen und Bürgern, die sich nicht trauen, sich in allgemeine öffentliche Auseinandersetzungen einzuschalten, weil sie sich entweder nicht für kompetent oder aber für zu sonderbar halten, eine Chance geben, sich nicht allein zu fühlen und die Erfahrung von Austausch zu machen. Das Problem liegt nun aber darin, dass diese virtuellen Räume kaum mehr Verbindung zu den allgemeinen öffentlichen Räumen aufweisen bzw. so gestaltet sind, dass sie wie Positionsverstärker wirken, aber nicht wie Positionsvermittler (das berühmte Echokammernphänomen).

Diese Bewegung findet statt im Kontext eines neuerlichen, diesmal digitalen Strukturwandels der Öffentlichkeit. Das entzieht dem allgemeinen öffentlichen Raum aber die Teilnehmer, die sich nunmehr in kleineren, nach Affinität gewählten Teilöffentlichkeiten versammeln, während die Zusammenführung oftmals ausbleibt oder auch schlicht scheitert, weil diese *affinity groups* dazu neigen, ihre Positionen zu radikalisieren (*in like groups*).

Ein weiteres Problem, das für mein Argument nicht so zentral ist, aber für das demokratische Verfahren als Ganzes sehr wohl, lässt sich am besten unter dem Stichwort „transhumaner Öffentlichkeit" verorten: Das Problem nämlich, dass gerade im digitalen öffentlichen Raum nicht nur Bürgerinnen und Bürger interagieren, sondern auch Maschinen beziehungsweise Programme oder Bots, die wiederum dafür sorgen, dass schon der Versuch, aus diesen teilöffentlichen Räumen so etwas wie einen politischen Willen zu bilden, scheitern muss, weil weder klar ist, wer spricht noch wie viele wirklich sprechen.

Erlahmung durch Zersetzung

Schließlich gibt es auch noch die Problematik der Erlahmung durch Zersetzung und auch diese hängt stark mit den beiden anderen Phänomenen zusammen. Viele Bürgerinnen und Bürger sind nicht mehr bereit, sich in öffentliche Auseinandersetzungen zu begeben, weil sie es als unangenehm empfinden, weil sie befürchten, für ihre Haltungen und Positionen direkt verunglimpft zu werden oder aber der Meinung sind, schon zu wissen, welche Positionen im öffentlichen Raum akzeptabel seien und eben auch nicht mehr akzeptabel seien.

In den letzten Wochen und Monaten gab es dazu nicht wenige Beispiele: der Versuch, den früheren AfD-Vorsitzenden Bernd Lucke davon abzuhalten, seine Vorlesungen zu halten, der „shit storm" gegen einen Wissenschaftsverlag, weil sein Verleger eine Erklärung unterschrieben hatte, die ganz sicher in Rechtsaußen-Kreisen erstellt wurde.

Bernhard Pörksen hat diese Form der Diskursverweigerung mal als „Spiel nicht mit den Schmuddelkindern" bezeichnet und als eine Arroganz links-liberaler Eliten verstanden, die sich weigerten, sich in Diskurse mit jenen zu begeben, die erkennbar deutlich andere Absichten vertreten. Das ist, glaube ich, nicht auf links-liberale Eliten zu begrenzen, sondern ein sehr viel verbreiteteres Problem, aber es ist vor allem deswegen ein Problem, weil es eine Entscheidung vorweg nimmt, die erst in der Auseinandersetzung zu fällen ist – was halten wir als Kollektiv für vertretbar und wo wollen wir die Grenzen ziehen? Auch darum muss immer wieder gerungen werden, zumindest innerhalb der klar strafrechtlich bereits definierten Grenzen.

Schließlich sollten wir auch nicht verkennen, dass wir durch die Polarisierung auch so verunsichert sind, dass wir tatsächlich manche Auseinandersetzung vermeiden, einfach weil wir ganz unsicher darüber sind, wie sie wohl kommentiert wird und ob wir wirklich sicher sein können, keinem „shit storm" ausgesetzt zu werden. Das ist das Phänomen, welches in rechten Kreisen gern als „Diktatur der Political Correctness" verzerrt wird, was aber dem Wesen nach oftmals eher eine große Verunsicherung darüber ist, ob ich überhaupt die Chance habe, mit meiner Position ernstgenommen zu werden, das heißt auch mit den Intentionen, die sich hinter einer Position verbergen, betrachtet zu werden. Um das ganz deutlich zu sagen: es gibt keinen Anspruch auf widerspruchsfreie Meinungsäußerung, aber es gibt natürlich einen Unterschied, ob Widerspruch sich ernsthaft mit einer Position und ihrem Kontext auseinandersetzt oder nicht.

Beide Phänomene, die Entmutigung wie auch die Verweigerung, zersetzen die Grundlagen öffentlicher Auseinandersetzungen. Nur wenn wir diese Probleme effektiv lösen können, können wir Demokratie sichern.

Prof. Dr. Michael Göring, ZEIT-Stiftung Ebelin und Gerd Bucerius

Stiftungen: Change Maker im öffentlichen Raum

Der öffentliche Raum ist ein kostbares Gut. Er ist nicht ungefährlich und er ist nicht ungefährdet. Eine zunehmend illiberale Haltung gegenüber Andersdenkenden bedroht ihn. Da sind Falschmeldungen, Lügen, Fake News, Shitstorms und nicht nur verbale Angriffe. Das hat eine ganz andere Qualität als die früheren Entgleisungen, wenn zum Beispiel Herbert Wehner Jürgen Todenhöfer schon einmal als „Herrn Hodentöter" anredete. Heute wird Cem Özdemir mit dem Tod bedroht. Sogar die Hochschulen als geschützte öffentliche Räume geraten in heftige öffentliche Auseinandersetzung, wenn Professoren wie Jörg Barberowski und Herfried Münkler an der HU Berlin abseits des Main Stream formulieren, wenn Bernd Lucke, längst aus der AfD ausgeschieden, seine VWL-Vorlesung an der Universität Hamburg nicht mehr halten kann, wenn die Universität sogar Christian Lindner auslädt, wenn im politikwissenschaftlichen Seminar zu „Meinungsfreiheit" an der Universität Siegen der Auftritt des AfD-Politikers Marc Jongen einen landesweiten Skandal hervorruft. Sind wir denn nicht mehr souverän genug, um als freiheitsliebende Menschen ganz unterschiedliche Vorschläge von politischer Gestaltung zu diskutieren, ihnen klar entgegenzutreten, wenn sie unsere Werte verletzen? Aber nur noch in Konfrontation zu denken oder gar von vornherein Streit und Auseinandersetzung zu verbieten? Ich will hier nichts schönreden, wer zum Beispiel den Holocaust leugnet, der hat sein Recht auf Einladungen zum öffentlichen Diskurs verspielt. Aber ich warne davor, die Grenzen zu schnell allzu eng zu setzen.

Sie spüren schon, ich freue mich sehr, heute beim Großen Konvent ein paar Gedanken mit Ihnen zum Thema „DU BIST NICHT ALLEIN. Öffentlicher Raum im Dialog" zu entwickeln und gemeinsam mit Ihnen fortzuspinnen. Wir sind heute alle Gäste einer Stiftung und da sehen Sie mir bitte nach, wenn ich mich vor allem über die gemeinnützigen Stiftungen dem öffentlichen Raum nähere. Ich nehme mir diese Freiheit auch, weil ich selbst durch und durch ein Stiftungsmann bin und weil ich gesehen habe, dass wir heute den öffentlichen Raum von allen Seiten her fachmännisch examinieren. Sicherheit, Abgrenzung, Planung, Ambivalenzen, all das wird erarbeitet, da kann ich mich auf einen etwas abseitigen Weg zum öffentlichen Raum begeben.

Gemeinnützige Stiftungen sind von ihrer Definition her Teil des öffentlichen Raums. Auch wenn sie von einem privaten Bürger, einer Bürgerin errichtet werden, gehören Stiftungen eindeutig zur *res publica*. Das Stiftungskapital ist mit der Gründung der Stiftung nicht mehr im Privatbesitz, sondern im Besitz einer Institution. Durch die steuerliche Bevorzugung der Stiftung wird ihr öffentlicher Charakter erneut betont wie auch durch den auf Ewigkeit angelegten Zeithorizont: Die privat gegründete Stiftung wird Institution. Privates Geld dient öffentlichen Zwecken. Ihr Wirkungsfeld ist der öffentliche Raum!

Die europäische Stiftung, wie wir sie kennen, hat ihre Wurzel in der griechisch-römischen Epoche. Sie ist seit dem römischen Kaiser Justinian ein klar definiertes Rechtssubjekt, nämlich ein zweckgebundenes Vermögen, das über den Tod des Stifters hinaus den Zweck erfüllt. Über eine Stiftung Gutes zu tun, das hat vor allem durch einen jungen Reformator vor gut 2000 Jahren einen gewaltigen Impuls bekommen, nämlich durch Jesus Christus und durch seine Vorstellung von *caritas*. Der griechische Euergetismus, der das gute Tun innerhalb der eigenen gesellschaftlichen Schicht propagierte, wurde abgelöst durch den christlichen Gedanken: „Was ihr den Geringsten unter den Menschen tut, das habt ihr Gott getan." Die *caritas* öffnete sich dadurch über die Klassenschranken hinaus, wurde allmählich zum Bestandteil des öffentlichen Lebens, wie man sehr schön an der Entwicklung der ersten christlichen Diakonie in Jerusalem 70 n. Chr. sehen kann. Diese Vorstellung von Caritas ist letztlich der Ursprung unseres heutigen Sozialstaates, ist also längst ein öffentliches Gut.

Wirkung und Verantwortung

Lösen wir uns von der Vergangenheit, schauen wir auf das, was folgt, wenn wir die Stiftung als so klar dem öffentlichen Raum zugeordnet sehen. Es folgt Wirkung und Verantwortung. Alles öffentliche Tun muss Antwort geben können, warum man etwas tut. Schauen wir uns das einmal konkret an. Die Pflicht zur Antwort, die Verantwortung, ist konstitutives Element des öffentlichen Dialogs, des Verständnisses über Ziele und Ergebnisse sowie über Rechte und Pflichten aller öffentlich tätigen Akteure. Das funktioniert nur, wenn das Prinzip Ehrlichkeit eingehalten wird. Was wir seit einigen Jahren im politischen öffentlichen Raum an Verletzung dieses Prinzips, also an dreisten Lügen erlebt haben, weniger in Deutschland, mehr in anderen Ländern, das trotzt natürlich dieser Bedingung zur Aufrichtigkeit. Hier wird ein Vertrauen verspielt, das trotz aller Bemühungen um Transparenz nur ganz schwer wiederaufgebaut werden kann. Gemeinnütziges Wirken als Wirken im öffentlichen Raum unterliegt den jeweils gegebenen gesellschaftlichen Herausforderungen. Das gilt jetzt nicht für eine Stiftung mit sehr enggefassten Zwecken, sagen wir eine Stiftung zur Förderung des Schachsportes, zur Förderung der Krebsforschung oder zum Denkmalschutz. Aber für viele, vor allem große, breiter aufgestellte Stiftungen setzen die jeweiligen gesellschaftlichen Bedingungen einen wichtigen Rahmen, und da möchte ich vier Herausforderungen nennen, die mir heute für das öffentliche Wirken besonders wichtig sind und derer wir uns in der ZEIT-Stiftung verstärkt annehmen:

Der Bereich Integration und Migration: Der öffentliche Raum ist heute wesentlich geprägt durch eine internationale, bunte Gesellschaft, kulturelle, religiöse, weltanschauliche Hintergründe prallen aufeinander, mischen sich. Bei der Integration sind Stiftungen den staatlichen Einrichtungen oft weit zuvorgekommen und leisten heute Erhebliches. Wenn wir da das Leitmotiv unseres Konvents, das „DU BIST NICHT ALLEIN" ernst nehmen, wissen wir schnell, wie wichtig gerade die von Stiftungen getroffenen Maßnahmen zur Integration von Neuankommenden, von Minderheiten, von Lernschwachen sind!

Die Gefahren, die gegenwärtig der Demokratie drohen: Wir Stiftungen verdanken das enorme Stiftungswachstum von rund 3000 Stiftungen 1949 auf jetzt 22.500 Stiftungen der Tatsache, dass wir seit 1945 in einem demokratischen Land leben, auf der Basis eines Rechtsstaates mit Gewaltenteilung. Wir beruhen auf einer freiheitlichen Gesellschaftsordnung mit der sozialen Marktwirtschaft als ökonomischer Grundlage, eingebunden in multilaterale Verantwortung mit einem Grundgesetz, das auf der Verpflichtung des „Nie wieder“ fußt. Dies immer wieder deutlich zu machen, sich für den Erhalt dieser Werte in der Öffentlichkeit einzusetzen, ja, das ist auch unsere Aufgabe. Rechtsnationales Gedankengut hat schon einmal für gut 60 Millionen Menschen zwischen 1933 und 1945 den Tod bedeutet. Antisemitismus hat keinen Platz mehr in diesem Land. Machen wir das deutlich! Aber halten wir auch mit unseren Erfahrungen von Sozialismus und Kommunismus nicht hinter den Berg. Da haben 17 Millionen Deutsche vierzig Jahre lang in Unfreiheit gelebt, bis sie vor dreißig Jahren „Wir sind das Volk“ gerufen haben. Stiftungen müssen sich aus ihrer Gemeinwohlverpflichtung heraus für den gesellschaftlichen Zusammenhalt stark machen, wir alle brauchen die Mitte!

Transformation geht nicht allein

Unsere Gesellschaft, die Gesellschaft weltweit, unterliegt mit der Digitalisierung einem gewaltigen Veränderungsprozess. Wir lieben alle die Tatsache, dass wir mit unserem Smartphone den 24-bändigen Brockhaus in unserer Hosentasche ständig aktualisiert mit uns herumtragen. Aber wollen wir uns wirklich vor den großen Unternehmen in den USA und in China nackt machen? Wie funktioniert denn KI und was wird sie für unseren Arbeitsalltag in einigen Jahren bedeuten? Wer entscheidet beim selbstfahrenden Auto in einer Gefahrensituation? Werden wir eines Tages komplett gelenkt, manipuliert? Wie verhält es sich mit der Würde des Menschen, mit seiner Selbstbestimmung? Diese Fragen müssen von uns, der Zivilgesellschaft, gestellt werden, das müssen wir in den öffentlichen Raum tragen! Das dürfen wir nicht vier amerikanischen und drei chinesischen Firmen überlassen, auch nicht dem Staat!

Und letztens: Die ökologische Transformation unserer Gesellschaft. Da hat uns ein sechzehnjähriges Mädchen sehr zu Recht die Dringlichkeit dieses Anliegens vor Augen geführt, eine Dringlichkeit, die wir gern noch ein Stück weit vor uns hergeschoben hätten. Geht aber nicht! Greta hat den öffentlichen Raum gesucht und sie hat ihn zurecht gefunden! Die klimatischen Veränderungen sind nicht zu leugnen, auch nicht die Tatsache, dass wir Menschen zu dieser extremen Veränderung, zu dieser Gefährdung des öffentlichen Raums erheblich beitragen. Was für eine Mega-Aufgabe! Wir sprechen über nichts Anderes als über die Ablösung der verbraucherorientierten Konsumgesellschaft durch eine ökologische Gesellschaft. Da sind Stiftungen als gemeinnützige Einrichtungen ausgesprochen gefordert, denn hier liegt die Veränderung in der Zivilgesellschaft ebenso wie in Wirtschaft und Politik. Es geht um Verhaltensänderung, Fahrrad statt Flugzeug, Blumenkohl statt Rindfleisch, von mir aus auch Tofu, und lokales Mineralwasser statt solches von einer einsamen japanischen Insel.

Ich komme zum Schluss: „DU BIST NICHT ALLEIN“, so heißt das übergeordnete Motto dieses Konvents. Nein, wir sind nicht allein, aber da wir nicht allein sind, tragen wir Verantwortung für mehr als nur für uns. Wir leben in der Gemeinschaft, ohne Gemeinschaft gäbe es uns gar nicht. Der öffentliche Raum gehört allen, Grenzen spielen in ihm eine immer geringere Rolle, wie gerade die digitale Welt zeigt, die unseren öffentlichen Raum noch einmal immens erweitert hat. Dieser ungemein weite öffentliche Raum kann zur Verunsicherung führen, zum Wunsch nach einem vermeintlich angenehmen Rückzug in die Vergangenheit der 50er Jahre, die doch so überschaubar waren. Es hilft aber nichts, wir müssen uns der Verantwortung stellen, das heißt irgendwann werden uns unsere Enkel oder Urenkel fragen, was wir denn getan haben für den öffentlichen Raum, für die Gemeinschaft der Menschen. Daher mein Plädoyer: Wir sind Teil des öffentlichen Raumes. Nutzen wir ihn! Analog wie virtuell: nutzen wir ihn als Plattform wie als Aktionsraum. Sehen wir Stiftungen als Motor der Veränderung, als „change maker“ im öffentlichen Raum. Wir Stiftungen können dem einzelnen Bürger aktive Teilhabe an Veränderungsprozessen anbieten! Aus dem Konvent wird dann ein Aktionsraum!

Aussprache

Keynote-Speaker
Prof. Dr. Nicole Deitelhoff
Prof. Dr. Michael Göring

Gesamtmoderation
Prof. Dr. Klaus-Dieter Altmeppen, Katholische Universität Eichstätt-Ingolstadt
Prof. Dr. Caroline Y. Robertson-von Trotha, Karlsruher Institut für Technologie (KIT)

„Jede Zeitanalyse birgt die Gefahr, die Vergangenheit nostalgisch zu verklären. In der Adenauer-Zeit wurde auch gelogen. Wer damals die NS-Verstrickungen von politischen Akteuren benannte, hatte es sehr ungemütlich. Ich erschrecke wirklich über diese Verrohungen, die sich heute in den sozialen Medien ergeben. Aber in Teilen haben wir auch eine gegenteilige Entwicklung hin zu einer höheren Sensibilität, die gut ist. Und ich glaube, das müssen wir auch sehen, damit wir nicht völlig resignieren."

Publikumsbeitrag

„Ich sehe einen qualitativen Unterschied. In früheren Phasen hatten wir es mit Lügen zu tun, deren Aufdeckung Nachteile hatte, karriereschädigend war. In den gegenwärtigen Zeiten ist das leider vorbei. Wir haben einen britischen Premierminister, der aufgrund seiner Lügen ins Amt gekommen ist. Wir haben einen Präsidenten in den USA, dem seine Lügen überhaupt nicht schaden. Auch im deutschen Kontext können wir verfolgen, dass ungestraft mit Falschmeldungen Politik gemacht wird. Denken Sie an Herrn Pasterski, der falsche Zahlen über Ausländerkriminalität verbreitet und damit ein sehr gutes Ergebnis für die AfD in Berlin erzielt hat. Es geht den Menschen nicht darum, wie die Zahlen sind, es geht ihnen darum, was sie fühlen. Lüge ist nicht mehr der Gegenspieler von Wahrheit, sondern ein Identifikationsmerkmal."

Nicole Deitelhoff

„Ich beschäftige mich damit, dass wir eine Krise, eine Erosion unseres Parteiensystems zu verzeichnen haben. Politische Parteien sind als Beispiele für zivilgesellschaftliche Akteure, die die Herzkammer unserer Demokratie beleben, entscheidend. Sie sind als Instrumente der politischen Willensbildung in unserem Grundgesetz vorgesehen. Im Moment leiden sie unter einer Auszehrung. Wie schaffen wir es, dass Menschen sich in politischen Parteien wieder mehr engagieren? Denn je mehr Leute sich beteiligen, desto mehr Kontrolle gibt es auch und desto mehr Kritik. Also wie kann man politische Parteien stärken, besonders auch die Volksparteien?"

Publikumsbeitrag

„Der Vertrauensverlust geht weiter, er betrifft nicht nur die politischen Parteien. Wir erleben das etwa in den Gewerkschaften, in den Kirchen. Immer da, wo ein vergleichsweise klares Dogma vorgegeben wird, wenden sich die Menschen schneller ab. Ich könnte mir vorstellen, dass die Politik in nächster Zeit befruchtet wird durch Persönlichkeiten aus der Zivilgesellschaft, die sich erheben, dass da ein Lernprozess eintritt. Laut Evangelischer Kirche in Deutschland haben sich im August und September 2015 ungefähr sechs Millionen Menschen an der Aufnahme der Flüchtlinge beteiligt, an dem Versuch, sie zu integrieren, aber auch mit Butterbroten und alten Anoraks. Sechs Millionen Menschen, das sind fast 10 Prozent unserer Bevölkerung. Das ist doch eine Zahl, auf die wir stolz sein können. Das ist doch Bürgerbewusstsein. Menschen sind zu bewegen, wenn es ein Thema gibt, das sie bewegt."

Michael Göring

„Die Mitte, die Bürgerlichkeit, wozu natürlich auch Stiftungen wie die Ihre zählen, sind immer eher konservativ, haben Beharrungsvermögen und neigen nicht zum Radikalen. Aber: wie können sie sich, gerade angesichts aktueller Herausforderungen wie dem Klimawandel, in das Radikale einbinden? Radikal meine ich im Sinne von wirklich verändernd."

Publikumsbeitrag

„Ich glaube, dass Sie einen falschen Gedanken in Ihr Konstrukt eingebaut haben. Wenn wir die Radikalität überall, in die bürgerlichen Stiftungen, in die Parteien einbeziehen, dann stirbt das Radikale. Radikale Ideen irritieren den allgemeinen Prozess der Willensbildung. Sie setzen ein System unter Druck, indem sie an die Türen hämmern und auf Einlass pochen. Das ist das, was beispielsweise Fridays for Future tut. Sie bringen uns dazu, unsere Routinen zu durchbrechen. Plötzlich sprechen alle über den Klimawandel. Das ist die Kraft, aus der wir schöpfen können. Wenn das einmal im System durchgearbeitet ist, dann bleibt etwas Moderates übrig, etwas Handhabbares. Und dann kommt eine neue radikale Idee. Wir müssen Grenzen setzen, damit sich überhaupt etwas entzünden kann."

Nicole Deitelhoff

Die Tagungsdokumentation des Großen Konvents der Schader-Stiftung 2019 steht für Sie als Aufzeichnung unter www.schader-stiftung.de/GrKo19 oder auf dem Youtube-Kanal der Schader-Stiftung zur Verfügung.

5 Dialog-Cafés

Die Mitglieder des Großen Konvents der Schader-Stiftung thematisieren einmal im Jahr Status quo und Perspektiven des Dialogs zwischen Gesellschaftswissenschaften und Praxis. Ziel ist es, aktuelle sowie kommende Herausforderungen zu formulieren und daraus Themen und Bedarfe für zukünftige Aufgaben der Gesellschaftswissenschaften, aber auch für die Arbeit der Schader-Stiftung zu explorieren. In drei Gesprächsrunden in „Dialog-Cafés", die an Projekte der Stiftung anknüpften, konnten die rund 180 Teilnehmenden des Großen Konvents Erfahrungen und Ideen, Anregungen und Erkenntnisse austauschen.

Dialog-Café 1: Sicherheit

Impulsgeberin und Impulsgeber:
Dr.-Ing. Julian Petrin, urbanista, Hamburg / Stadtlabor Nexthamburg
Antonia Hmaidi, Universität Duisburg-Essen
Thomas Reinhold, Technische Universität Darmstadt

Begleitung: Prof. Dr. Stefan Selke, Hochschule Furtwangen
Moderation: Dr. Kirsten Mensch, Schader-Stiftung
Protokoll und Bericht: Helene Pleil und Dr. Kirsten Mensch, Schader-Stiftung

Öffentlicher Raum kann für die Einzelnen in vielen Facetten auftreten: als erwünschter und positiv besetzter Raum, zum Beispiel als Platz zum Bummeln, Sport treiben, Spazieren, ... Oder als zu meidender, negativ besetzter Raum, etwa als Verkehrsraum mit allerlei Gefahren, als Angstraum, der das Sicherheitsgefühl beeinträchtigt. Ebenso facettenreich wie die Nutzungsmöglichkeiten des öffentlichen Raums sind die Anforderungen an ihn.

Ebenen der Sicherheit versus Qualitäten des Städtischen

Wie definieren wir Sicherheit? Wie äußert sich das Sicherheitsbedürfnis bei der Gestaltung öffentlicher Räume, zunehmend unter Beteiligung von Bürgerinnen und Bürgern? Mit diesen Fragen im Zentrum seines Impulsvortrages eröffnet Julian Petrin, Urbanist und Stadtforscher sowie Gründer des Hamburger Büros „urbanista" und des Stadtlabors „Nexthamburg", das Dialog-Café. Die Fachleute aus der Stadtplanung, so Julian Petrins Eingeständnis gleich zu Beginn, fremdeln mit dem Begriff der Sicherheit – offenkundig kein Lieblingsthema in der Stadtplanung. Umso spannender, dass Julian Petrin sich nicht nur auf das Thema eingelassen hat, sondern am Ende der ersten Session des Dialog-Cafés erklärt, sich als Planer zukünftig viel intensiver mit Sicherheit auseinandersetzen zu wollen. Aus stadtplanerischer Perspektive, das heißt mit einem eher eng gefassten Begriff von Sicherheit, ist dieser in drei Ebenen aufzufächern: Erstens die basale Ebene der körperlichen Unversehrtheit, die Gewaltprävention beinhaltet, aber auch eine zum Beispiel verkehrssichere Gestaltung des öffentlichen Raums – Stichwort E-Scooter. Die zweite Ebene betrifft die Verlässlichkeit oder Vorhersehbarkeit dessen, was den öffentlichen Raum ausmacht. Hier geht es um grundlegende Sicherheit – hält das Geländer, trägt der Boden? – ebenso wie um Gewohnheiten, die zur Sicherheit beitragen. Die Menschen agieren und kommunizieren in gewohnten, vorhersehbaren Weisen im öffentlichen Raum. Tun sie das nicht, erzeugen sie zumindest Irritation oder aber ein Gefühl der Unsicherheit. Die dritte Ebene betrifft die Lesbarkeit oder Möglichkeit zur Orientierung, die der öffentliche Raum bereitstellt. Transparenz ist eine hier geforderte Eigenschaft.

Allerdings – und daher rührt das Fremdeln des Stadtplaners mit einer zu starken Thematisierung der Sicherheit – stehen den genannten Ebenen drei grundlegende Qualitäten von Stadt gegenüber. So kann ein gewisses Risiko, etwa auf der Hamburger Reeperbahn, gerade den Reiz des öffentlichen Raums ausmachen. In der späteren Diskussion wird dieser Aspekt ergänzt um einen Begriff, den der Philosoph Tristan Garcia prägte: das „intensive Leben", gekennzeichnet durch Aufregung, Störung, Unvorhersehbarkeit und Abenteuer. Doch eine „überversicherte" Stadt lässt eine solche Lebensweise nicht zu.

Auch die Verlässlichkeit und Vorhersehbarkeit, so führt Julian Petrin seinen Impuls weiter, steht einer urbanen Qualität entgegen. Gerade das „Zufällige" im Sinne eines „sich einfach treiben Lassens" macht oft ein Erleben der Stadt und ihrer öffentlichen Bereiche aus. Ebenso wird die Anonymität – oder wie später in der Diskussion ergänzt wird: die „rituelle Anonymität" – welche das Urbane für viele als sehr willkommene Eigenschaft mit sich bringt, durch die im Namen von Sicherheit geforderte Transparenz in Frage gestellt.

Drei Fragen am Ende des Impulses leiten zur Diskussion über: Wer definiert, was sicher ist? Aus welcher Perspektive der vielen unterschiedlichen sozialen Gruppen wird das Thema Sicherheit betrachtet? Die Vielfalt von Subgesellschaften und Gruppierungen, die sich nach Alter, Geschlecht oder in Bezug auf Themen wie Mobilität bilden lassen, zeigt die Relevanz dieser Frage. Und nicht zuletzt: Wer ist schließlich verantwortlich, wer stellt Sicherheit her?

Gefühlt sicher – mehr Empirie wagen?
Gleich zu Beginn der Diskussion über Sicherheit und Verantwortung stellt sich die Frage: Was gilt als Maßstab – die gefühlte Sicherheit in der Bevölkerung oder eine „objektive" Sicherheit, die sich mit Zahlen und Statistiken belegen lässt? Für die Fachleute aus der Stadtplanung in der Runde scheint es offenkundig zu sein: Bei Fragen der Stadtgestaltung geht es um die gefühlte Sicherheit und dabei vorrangig um die Wahrnehmung der schwächsten Nutzergruppen. Die Stadtplanung sieht sich in der Rolle der Anwältin dieser Personenkreise. Tatsächlich zeigen die Daten etwa zur Kriminalität eine Verbesserung der Sicherheitslage an. In kleineren Gemeinden lebt man zudem sicherer als in Großstädten. Der Sicherheitsdiskurs, der den Eindruck einer unsicherer werdenden Welt entstehen lässt, so ein Erklärungsversuch, orientiert sich an außeralltäglichen Ereignissen, etwa Terroranschlägen. Während also die Kriminalitätsquote in der Stadt statistisch ausgewiesen sinkt, nimmt das subjektive Bedürfnis in der Bevölkerung nach mehr Sicherheit zu – vermutlich erzeugt durch Ängste aufgrund isolierter Ereignisse. Diese Einzelfallabhängigkeit kann erklären, warum das Ausmaß des Sicherheitsbedürfnisses, wie etwa in Beteiligungsprozessen der Stadtplanung offenbar wird, sehr ortsspezifisch ist. In Köln, sicherlich mitbedingt durch die Silvesternacht 2015/16, ist das Thema Sicherheit virulenter als in Düsseldorf.

Stellt der Diskurs um Sicherheit im öffentlichen Raum nur eine politisch motivierte Debatte dar? Sind nicht eher Fragen nach Arbeitsplatzsicherheit, sicherem Wohnraum und gesicherter Gesundheit vorrangiges Anliegen in weiten Teilen der Bevölkerung, so eine Frage in der Runde. Wird das Thema Sicherheit im öffentlichen Raum auf Wahlplakaten und in Statements ausgebeutet, um damit Stimmen bei der nächsten Wahl zu fangen? Sehen wir hier eine Verzerrung des Sicherheitsgefühls, verstärkt durch mediale Berichterstattung? Ein Teilnehmer berichtet von seinem friedlichen Kleinstadt-Wohnort, in dem das Thema Sicherheit plötzlich so groß geredet wurde, dass er sich aufgrund eines Zuviels an Sicherheit fast eingeschränkt fühlt.

Aber, erfolgt der Einwurf, wenn man das aus einer anderen Perspektive betrachtet – die einer schwächeren Nutzergruppe des öffentlichen Raums – könnte sich ein ganz anderes Bild ergeben. Würde sich ein Kippa tragender Jugendlicher oder jemand mit dunkler Hautfarbe über ein Mehr an Sicherheitsstrukturen freuen?

Entscheidend ist, so die Polizistin in der Runde, Angstgefühle beim Durchqueren des öffentlichen Raums möglichst zu minimieren. Etwa durch Sichtachsen, Beleuchtung und Ausrichtung der Fenster in angrenzenden Gebäuden können öffentliche Flächen so gestaltet sein, dass sie belebt und auch beobachtbar sind. Die entstehende soziale Kontrolle könnte in Folge die umstrittene Videoüberwachung unnötig machen. Keine Ecke mehr in der Stadt, in der man nicht unter Beobachtung steht? Führt das nicht zum „China-Modell", das in der nächsten Runde dieses Dialog-Cafés diskutiert wird?

Sicherheit und Unsicherheit

Doch zunächst wird der Begriff der Sicherheit an sich thematisiert. Was ist denn das Gegenteil von Sicherheit? Ist es Unsicherheit oder Angst? Ist es Freiheit? Oder, so ein weiterer Vorschlag aus der Runde, Vulnerabilität, also die Verletzlichkeit von Systemen oder Menschen?

Nicht zuletzt geht es um die Frage der Verantwortung: Wer stellt Sicherheit her? Welche Rolle spielen dabei die Einzelnen? Als Minimalanforderung an die individuelle Verantwortung wird in der Runde verlangt, dass die Mitglieder der Gesellschaft den öffentlichen Raum überhaupt aufsuchen, sich also nicht in „Gated Communities" zurückziehen oder sich nur abseits des öffentlichen Personennahverkehrs bewegen. Zugleich lässt sich feststellen: Öffentlicher Raum wird zunehmend in private Obhut gegeben. Dabei gilt Hamburg mit den „Business Improved Districts" seit 2005 als Vorreiter. Nicht nur der Raum, sondern auch dessen Sicherheit wird an private Akteure delegiert, einschließlich der Überwachung dieses Raums. Dem Kippa tragenden Jugendlichen ist es im Zweifelsfall gleich, ob eine private Security oder eine Polizeibeamtin über seine Sicherheit wacht.

Verschärft wird die Frage allerdings durch den Smart City-Diskurs. Hier stehen Freiheit und Sicherheit im Spannungsverhältnis: Einerseits zeigt beispielsweise London, dass mehr Videoüberwachung durchaus zu einem Rückgang von Kriminalität an den überwachten Orten führt, andererseits gibt Julian Petrin zu bedenken, ob wir am Ende nicht in einer Stadt mit orwellschen Zügen leben werden. Zudem, so ein Einwurf aus der Runde, erhöht jedes neue technische System die Verwundbarkeit. Der Roman „Blackout" von Marc Elsberg, der die Auswirkungen eines flächendeckenden Stromausfalls beschreibt, zeigt das anschaulich.

Geprüft sicher – Sicherheit versus Freiheit

Wie weit sind wir vom bereits genannten „China-Modell" oder von Städten mit orwellschen Ausprägungen noch entfernt? Antonia Hmaidi, die am Institute of East Asian Studies der Universität Duisburg-Essen zum Sozialkreditsystem sowie zu sozialen und wirtschaftlichen Dimensionen technologischen Wandels in China forscht, zeigt am chinesischen Beispiel das heute bereits mögliche Ausmaß an Überwachung auf. Auch wenn das in der hiesigen Presse oft diskutierte Sozialkreditsystem bislang nur in Form einzelner, unterschiedlich ausgeprägter Pilotprojekte existiert, besteht bereits ein „krasses System" der Alltagsüberwachung. Dabei erfasst die Überwachung der Bevölkerung durch die chinesische Regierung nicht nur den analogen, sondern auch den digitalen öffentlichen Raum und durchzieht so das ganze Leben. Die verpflichtende Abgabe der Fingerabdrücke, die Datenbank zur Gesichtserkennung von 1,4 Milliarden Menschen, dazu passend 170 Millionen Überwachungskameras, die

Sicherheit als Fundament für Freiheit.

Einschränkungen des Internets werden gekoppelt mit dem Vorhandensein nur eines Messenger- und Bezahldienstes, nämlich WeChat, den man ausschließlich mit Klarnamen und Zurverfügungstellung von Passfoto und Ausweisdaten nutzen kann. Aus all dem resultiert ein umfassendes Überwachungssystem – ein aus westlicher Sicht drastisches Beispiel.

Allerdings ebenfalls erschreckend aus westlicher Perspektive: in China gibt es nur relativ geringen Widerstand dagegen. Warum? Antonia Hmaidi zeigt Vorzüge des Systems auf, die in China durchaus gewürdigt werden. So hat man durch das digitale Bezahlen das leidige Problem des Falschgeldes in den Griff bekommen. Gleichzeitig ist es bequem, alles kann bargeldlos und somit sicher bezahlt werden, selbst Spenden an Bettler. Andererseits schaffen sogenannte schwarze Listen eine von vielen sehr wohl gewünschte Transparenz. Diese Listen sind für alle frei zugänglich und geben Auskunft darüber, ob beispielsweise eine Person schon einmal Steuern hinterzogen oder einen Kredit nicht abbezahlt hat. Interessant, wenn man mit jemandem eine geschäftliche oder private Beziehung eingehen und wissen möchte, ob dieser nicht vielleicht ein Betrüger oder Heiratsschwindler ist.

Noch während Antonia Hmaidi spricht, ist im Raum eine gewisse Empörung über das geschilderte Ausmaß an Überwachung zu spüren. In diese Stimmung hinein fragt die Impulsgeberin: Ist es in Deutschland beziehungsweise in westlichen Gesellschaften wirklich anders? Ist das chinesische System nicht sogar transparenter? Immerhin sind in China manche der gespeicherten Daten für jeden abrufbar und werden zudem vom Staat, nicht von privaten Unternehmen gesammelt. Wer in der Runde, fragt Antonia Hmaidi, nutzt Google Maps und auf dem gleichen Gerät Google Chrome? Google kann dann sehr gut nachvollziehen, was man macht, wo man sich befindet und wohin man wohl noch möchte.

Jeder Raum als staatlich kontrollierter Raum?
Die Überwachung durch die chinesische Regierung beschränkt sich nicht auf Videokameras im öffentlichen Raum und Kontrollmaßnahmen im digitalen Raum, sondern schließt auch persönliche Kontakte ein. Bürgerinnen und Bürger denunzieren einander, weshalb Kritik an der Regierung selbst privat nicht geäußert werden sollte.

Da es keine freien, sondern nur von der Regierung kontrollierte Räume gibt: Existiert denn in China die Vorstellung eines öffentlichen Raums, so wie wir ihn verstehen? Diese Frage aus der Runde führt gleich zur Folgefrage: Gibt es überhaupt etwas Privates? Es gibt, so die Antwort, den Begriff des öffentlichen Raums ebenfalls im Chinesischen, allerdings wird er selten verwendet. Der öffentliche Raum ist ein vom Staat kontrollierter Raum – und das gilt auch für das Internet. Für die Menschen in China ist dies gewohnter Alltag, der kaum hinterfragt wird. Darüber hinaus wird der Begriff der Datensicherheit anders als bei uns verstanden, und zwar als Absicherung

Sicherheit
vs. Unsicherheit
Vulnerabilität
Freiheit

der Daten vor dem Zugriff durch einzelne Firmen, nicht aber durch den Staat. Letztlich führt das Wissen, immer und überall überwacht werden zu können, zur Selbstzensur, was die Relevanz der eingangs gestellten Frage betont, ob in China eine rein private Sphäre existiert.

Eine Teilnehmerin der Runde fragt nach dem in China vorherrschenden Menschenbild. Mit dem westlichen, durch die Aufklärung geprägten Menschenbild, demzufolge jeder Mensch eine Würde besitzt und seine Privatsphäre zu schützen ist, sieht sie hier keine Übereinstimmung. Zudem sorgt sie sich um die psychosoziale Gesundheit der betroffenen Menschen: Wie kann man unter einer solchen ständigen Überwachung seelisch gesund leben? Aus der eigenen DDR-Vergangenheit wissen wir, so eine weitere Anmerkung, das Schlimmste war nicht die vorhersehbare Überwachung durch öffentliche Einrichtungen, sondern die tatsächliche oder befürchtete Bespitzelung durch vermeintliche Freunde.

Noch schlimmer wäre es, so ein Einwurf, wenn das Überwachungssystem prädiktiv arbeiten würde, wenn also aufgrund gesammelter Daten Aussagen über die Zukunft getroffen und diese dann den Menschen vorgeworfen werden – im Stil des Films „Minority Report". Antonia Hmaidi muss leider bestätigen, auch das gibt es in China. So wird in der westlich gelegenen Provinz Xinjiang die muslimische Minderheit der Uiguren durch „prädiktive" Maßnahmen unterdrückt. Wer vermeintliche Anzeichen zeigt, sich womöglich zu radikalisieren, wird vorsorglich in einem Arbeitslager interniert. Als Anzeichen für eine Radikalisierung genügt zum Beispiel der Verzicht auf Schweinefleisch.

Die Rolle der Bequemlichkeit

Weshalb lassen sich die Menschen in China auf ein solches System ein? Nur um unkompliziert zu bezahlen oder sicher zu sein, dass Nachbarinnen und Geschäftspartner die Regeln einhalten, verschließt man die Augen vor den Gefahren einer solchen Überwachung? Einen Beitrag dazu leistet sicherlich die Technikgläubigkeit vieler Chinesinnen und Chinesen. Die Möglichkeit von Falschdiagnosen durch Algorithmen sehen die wenigsten. Ebenfalls wird die Gefahr der Einflussnahme durch menschliche Programmierer verkannt.

Ist das Verweisen auf chinesische Bequemlichkeit und mangelndes Hinterfragen des Überwachungssystems zu einfach? Ein solches System bekämpft durchaus Probleme, die sich im Westen als zunehmend belastend herausstellen. So wäre die Pflicht zur Nutzung des Klarnamens ein wirksames Mittel gegen Hate Speech, Beleidigungen oder Drohungen im Internet und zugleich hilfreich für die Verfolgung von Straftaten, die im Internet begangen werden. Grundsätzlich könnte ein Überwachungssystem, das Rechtsverletzungen ahndet, auch als Fürsorge des Staates gegenüber seinen Bürgerinnen und Bürgern aufgefasst werden.

Überwachung im Westen?

Aber, so die Frage, die immer wieder im Dialog-Café gestellt wird, ist es bei uns im Westen wirklich anders? Auch wir geben aus Bequemlichkeit zahllose Daten preis, ohne zu wissen oder zu ahnen, was mit ihnen letztlich geschieht. Technisch sind unsere staatlichen Institutionen in der Lage, eine umfassende Überwachung zu installieren – und vielleicht praktiziert der eine oder andere Geheimdienst das längst in einem größeren Umfang als bekannt. In China geschieht das immerhin transparent. Das Regime dort zeigt offen, dass es seinen Bürgerinnen und Bürgern misstraut.

Im Westen, so das direkte Gegenargument, gibt es aber keinen totalitären Staat, sondern eine Pluralität von Akteuren, sodass ein gewisses Maß an Freiheitsrechten immer gewahrt sein wird. Zudem, so ein weiterer Beitrag, leben wir in einem Rechtsstaat mit Gewaltenteilung, der das Sammeln und Nutzen von Daten begrenzt. Doch was geschähe, stellt ein Teilnehmer die besorgte Frage, wenn eines Tages die Europäische Union nicht mehr so liberal sein sollte? Um uns herum sehen wir Transitionsprozesse. Die Türkei oder Russland waren in früheren Jahren deutlich liberaler als jetzt. Auch in der Weimarer Republik wurden auf sogenannten rosa Listen die Namen von homosexuellen Menschen gesammelt. Damals noch ohne größere Auswirkungen. Doch dann fielen diese Listen in die Hände der Nazis. Das Fazit: Wir sollten uns nicht so sicher fühlen und heute schon sensibel dafür sein, was mit unseren Daten geschieht. Und, wird ergänzt, unseren Rechtsstaat schützen. Das Beispiel China könnte uns lehren, an welchen Stellen wir aufpassen müssen und uns anders entscheiden sollten. In Hongkong etwa ist der öffentliche Raum stark überwacht, was lange Zeit nicht als problematisch angesehen wurde – erst als Aufnahmen von Überwachungskameras zusammen mit Daten der digitalen U-Bahn-Tickets im Zuge der Proteste seit Sommer 2019 gegen Demonstrierende genutzt wurden, entstand ein Bewusstsein für die Überwachung und deren Schattenseiten.

Orwell versus Huxley

Reicht die Achtsamkeit gegenüber staatlichen Überwachungsmaßnahmen aus? Sammeln nicht global agierende Unternehmen die meisten Daten über uns? Und scheren sich die Unternehmen dabei um unsere grundgesetzlich garantierten Rechte?

Ein Teilnehmer überlegt mit Bezug auf die erste Runde des Dialog-Cafés, ob ausgerechnet George Orwells dystopischer Überwachungsstaat unser oftmals gewählter Bezugspunkt sein sollte. Ist nicht „Brave New World“ von Aldous Huxley der angemessenere Hintergrund? Hier leben die Menschen, versorgt mit Konsum, Sex und Drogen, glücklich und bequem…, sind somit in gewisser Hinsicht ruhiggestellt. Früher sorgten wir uns um die Sicherheit vor dem Staat. Ist das noch angebracht? Oder sollten wir nun eher um unsere Freiheit vor Überwachung durch Unternehmen kämpfen?

Es ist erschreckend, fasst Antonia Hmaidi abschließend zusammen, was in China passiert, aber ebenso das, was hier in Deutschland bereits vor sich geht und wir teilweise gar nicht mitbekommen. Sie ruft dazu auf, dass wir, die wir über Privilegien wie Zeit, Bildung und Geld verfügen, uns entsprechend engagieren sollten, damit unsere Gesellschaft nicht „chinesischer“ wird. Individuelle Verantwortung ist gefragt.

Vernetzt sicher?

Thomas Reinhold vom Lehrstuhl Wissenschaft und Technik für Frieden und Sicherheit (PEASEC) am Fachbereich Informatik der Technischen Universität Darmstadt befasst sich in der dritten Runde des Dialog-Cafés mit einer schon zuvor angesprochenen besonderen Facette des öffentlichen Raums: mit der virtuellen Realität. Unter dem Stichwort Cybersecurity wird in der Gesellschaft mehr und mehr die Sicherheit im Netz diskutiert – sowohl was die individuellen Nutzerinnen und Nutzer angeht als auch in

Bezug auf relevante und zugleich vulnerable Infrastrukturen. Wie ist es um Sicherheit und Verantwortungsübernahme im virtuellen öffentlichen Raum bestellt? Welchem Ausmaß an Bedrohung stehen wir gegenüber?

Grundsätzlich ist es wichtig, zwischen Cybervandalismus, Cybercrime und Cyberwar zu unterscheiden. Dabei beschreibt Cybervandalismus den Versuch, ein System kaputt zu machen, schlicht um zu zeigen, dass man dies kann. Cybercrime dagegen ist vorwiegend monetär motiviert: Ziel ist es, Geld zu erpressen oder zu stehlen. Hierbei handelt es sich um die Kategorie, in der zurzeit die meisten Fälle zu verzeichnen sind, jedoch nehmen auch, in internationaler Kooperation, die entsprechenden Strafverfolgungsaktivitäten zu. Die dritte Kategorie Cyberwar umfasst einerseits Auseinandersetzungen zwischen Staaten, welche auf diesem Weg einander Schaden zufügen, aber andererseits auch Cyberterrorismus – beides glücklicherweise bislang in geringem Umfang, wie Thomas Reinhold betont. Zu beobachten ist hier allerdings, dass Staaten sich durchaus zum einen defensiv, zum anderen aber offensiv auf Cyberangriffe vorbereiten und dabei Aktionen durchführen, welche in einen Graubereich des Internationalen Rechts fallen. Die Rolle der Bundeswehr hierbei ist noch zu bestimmen.

Verzerrtes Bild durch Berichterstattung

Thomas Reinhold beschwichtigt allerdings Ängste: Das, was Medien und Literatur als „großen Knall" darstellen, beispielsweise Angriffe auf kritische Infrastrukturen in erheblichem zerstörerischen Umfang, ist bisher kaum zu verzeichnen. Hier entsteht dem Impulsgeber zufolge ein verzerrtes Bild von Realität. So wurde beispielsweise 2016 von millionenfachen Angriffen auf Ministerien berichtet, während nach kritischer Betrachtung nur 170 Fälle als gezielte Attacken einzustufen waren. Auch die Verwundbarkeit von kritischer Infrastruktur wie Stromversorgung und Kommunikationssysteme ist zwar gegeben, es bedürfte aber eines enormen Einsatzes an Geld, Wissen und Personal, um solche Systeme anzugreifen. Weitaus kritischer sieht Thomas Reinhold die Consumer-Elektronik, wie sie in jedem Haushalt zu finden ist. Besonders bei günstigeren Geräten haben Hersteller kein sonderlich großes Interesse daran, für ein angemessenes Sicherheitsniveau zu sorgen. Allerdings kann eine Sicherheitslücke, beispielsweise in einem Android-System, gleichzeitig unzählige Geräte treffen und so immensen Schaden anrichten.

Wer trägt die Verantwortung, für Sicherheit zu sorgen? Staaten verlieren im Cyberspace zunehmend ihre Einflussmöglichkeiten. Zwar verfügen sie über einen autonomen Rechtsraum, doch sind gerade im digitalen Bereich Unternehmen wie Facebook und Amazon relevante Akteure, welche global agieren. Braucht es eine zwischenstaatliche Instanz, die diese Unternehmen kontrolliert? Oder hat letztlich jeder selbst für seine Geräte und deren Sicherheit zu sorgen? Schließlich ist man auch selbst dafür zuständig, die Kerze zu löschen, wenn man aus dem Haus geht.

Folgen mitdenken

Wie resilient, also krisensicher, sind unsere Systeme und wie abhängig sind wir von ihnen? Was passiert, wenn in Deutschland der Strom ausfiele, wenn entscheidende Infrastruktursysteme angegriffen würden? Die Frage ist schwer zu beantworten, aber: sie ist ungemein wichtig und wird nicht mit der notwendigen Konsequenz gestellt. Gerade bei großen Systemen sollten die Frage der Angreifbarkeit und die Folgen eines Ausfalls immer mitgedacht werden.

Aber auch individuelle Nutzer von IT-Geräten bedenken selten die potenziellen Folgen. Eine Teilnehmerin fragt in die Runde, wer denn schon einmal von einem Datendiebstahl, der ja regelmäßig in größerem Ausmaß vorkommt und durch die Medien

geht, persönlich betroffen war. Niemand. Bei der individuellen Nutzung scheint sich der schon in der ersten Runde diskutierte Unterschied zwischen „objektiver", durch Zahlen messbarer Sicherheit auf der einen und subjektiv empfundener Sicherheit auf der anderen Seite ins Gegenteil zu verkehren: Während im physischen öffentlichen Raum subjektiv von mehr Unsicherheit ausgegangen wird, als es die aggregierten Daten nahelegen, wird bei der Nutzung digitaler Kommunikationsmittel wohl eher eine höhere Sicherheit angenommen, als die Statistiken vermitteln. Das führt zu einem geringeren „Leidensdruck", sich um mehr Sicherheit zu bemühen.

Cyberwar – nur eine Frage der Zeit?

Der Impulsgeber verdeutlicht, dass der oft befürchtete Cyberwar bisher ausgeblieben ist. Warum, so eine Frage aus der Runde, investieren dann so viele Staaten erhebliche Mittel in Cybersecurity? Zumindest noch, lautet die Antwort, gibt es im Cyberbereich nur ein „leichtes Beharken" der Staaten untereinander. Gravierende Attacken versucht man offenkundig zu vermeiden. Eine mögliche Erklärung: Cyberwaffen können bisher nicht zielgerichtet eingesetzt werden – oder sie haben oftmals keine langfristigen Effekte, wie im Fall des Computerwurms „Stuxnet", der sich gegen die iranische Urananreicherungsanlage richtete. Zudem kann Schadsoftware, die durch Diebstahl oder durch ihren Einsatz bekannt wird, in Folge gegen Dritte eingesetzt werden, denen der Urheber eigentlich nicht schaden möchte. Trotzdem hält auch Thomas Reinhold es nur für eine Frage der technischen Entwicklung und des Anlasses, also eine Frage der Zeit, bis es zu kriegerischen Attacken im Cyberbereich kommt.

Welche Rolle kommt der Bundeswehr zu? Ihre Aufgabe ist es, Deutschland zu schützen – und das auch im Cyberraum. Beim Schutz kritischer Infrastruktur wie der Stromversorgung wird die Bundeswehr, wenn überhaupt, nur beratenden Einsatz leisten können. Beim Schutz bundeswehreigener Systeme ist sie natürlich voll verantwortlich. Doch wie steht es um offensive Befugnisse im Cyberbereich?

Will man in einem Verteidigungsfall Cyberangriffe auf einen Gegner führen, dann muss das in Friedenszeiten vorbereitet sein. Die USA machen es mit ihren Nachrichtendiensten vor: Diese dringen in relevante Systeme ein, erkunden diese, finden Schwachstellen und nisten sich dort als eine Art „digitaler Schläfer" ein. Im Einsatzfall kann der Cyberangriff jedoch schnell erfolgen. Kann und soll die Bundeswehr das ebenso umsetzen? Wie verträgt sich ein solches Vorgehen mit dem Parlamentsvorbehalt? Das ist gemäß einer Meinung in der Runde kein Problem, denn auch ansonsten werden Waffen in Friedenszeiten hergestellt, und erst für deren Einsatz braucht es einen Beschluss des Bundestages. Doch ganz vergleichbar scheint das nicht zu sein. Denn anders als die Produktion von Waffen verursacht schon das Eindringen in ein fremdes System Schaden an jenem System. Sollte dann in Deutschland, wie in den USA, für offensive, angriffsvorbereitende Aktionen der nicht unter

Parlamentsvorbehalt stehende Bundesnachrichtendienst als Zuträger für die Bundeswehr zuständig sein? Allerdings, und das wäre die Kehrseite, unterliegt dieser einer deutlich geringeren Transparenzpflicht als die Bundeswehr. Wir gäben damit die demokratische Kontrolle solcher Aktivitäten auf. Eine Debatte darüber ist dringend nötig, findet aber nicht statt, zumindest nicht öffentlich. Sie sollte, so Thomas Reinhold, vermehrt eingefordert werden.

Haftung bei digitalen Systemen und Consumer-Elektronik

Wer ist für die, wie Thomas Reinhold betont, verletzbare Sicherheit digitaler Systeme in kleinen Betrieben wie auch in Geräten der Consumer-Elektronik zuständig? Sind es kleine Unternehmen oder die Nutzerinnen und Nutzer selbst? Müssen diese entsprechende Checks durchführen? Oder sollte es einen Haftungsanspruch gegenüber Software-Unternehmen geben? Warum, so die Frage einer Teilnehmerin des Dialog-Cafés, darf beispielsweise Samsung für seine Smartphones nicht einmal zwei Jahre lang Updates liefern, die die Sicherheit des Geräts erhalten? Oder müssen wir damit leben, wie ein anderer Teilnehmer meint, dass alle mit Netzwerken verbundenen Systeme inhärent unsicher sind?

Nein, so eine Antwort: Handlungsoptionen existieren, wenn nur die Sensibilität seitens der Politik entsprechend gegeben wäre. So könnte man IT-Hersteller gesetzlich verpflichten, mindestens fünf Jahre lang Updates mit Sicherheitsaktualisierungen zu liefern. Denkbar ist eine Produzentenhaftung für die Sicherheit der Erzeugnisse, am besten im Wege einer EU-Regelung. Weiterhin wäre die Einführung eines Cyber-TÜVs, der Geräte und Systeme überprüft, eine sicherheitserhöhende Maßnahme. Zudem, so der Aufruf von Thomas Reinhold zum Schluss, sollten auch die Nutzerinnen und Nutzer von Technik sich von der Vorstellung verabschieden, dass diese immer bequem ist. IT-Sicherheit muss uns etwas wert sein.

Die individuelle Verantwortung

In allen drei Runden wird das Thema Verantwortung immer wieder mit diskutiert. Auch die Bürgerinnen und Bürger tragen Verantwortung für die Sicherheit – genauer für Art und Ausmaß der Sicherheit. So sind sie als Nutzende von technischen Geräten in einer gewissen Verantwortung, für deren Sicherheit zu sorgen. Als Bürgerinnen und Bürger sollten sie entschiedener politische Debatten einfordern und führen: um Strukturen besserer Datensicherheit, um Fragen des erforderlichen Ausmaßes von staatlicher Überwachung, um die Rolle der global agierenden IT-Unternehmen und darum, wie man diese rechtlich fassen sollte. Zugleich sind sie gefordert, unser freiheitlich-demokratisches System zu schützen, sich für Rechtsstaatlichkeit und Gewaltenteilung einzusetzen, damit wir nicht in „chinesische Verhältnisse" abgleiten. Und nicht zuletzt kann jede und jeder Einzelne über die eigenen Sicherheitsbedürfnisse reflektieren – und sich zugleich versuchsweise in die Perspektive anderer Menschen, die unter Umständen nicht derart privilegiert sind, hineinversetzen.

Resümee

Prof. Dr. Stefan Selke, Hochschule Furtwangen, ist Mitglied im Kleinen Konvent der Schader-Stiftung und hat das Dialog-Café begleitet:

Totale Sicherheit ist eine soziale Fiktion oder Leerformel. Im Dialog-Café „Sicherheit" ließen sich gleichwohl die Teilnehmerinnen und Teilnehmer des Großen Konvents der Schader-Stiftung darauf ein, Sicherheit als Reflexionsbegriff zwischen gefühlter und objektiver Sicherheit leidenschaftlich zu diskutieren. Wie so oft beginnt es bei der Sprache: Reicht es noch aus, von Sicherheit zu sprechen oder ist ein Denkwechsel hin zum Paradigma der Resilienz (beziehungsweise der Vulnerabilität) notwendig? Klar ist nur, dass Sicherheit mit einem positiven Tabu besetzt ist: Niemand kann eigentlich gegen Sicherheit sein.

Vor diesem Hintergrund spannten die Diskussionsbeiträge ein breites Panorama auf – von räumlicher und innerer Sicherheit bis hin zu Cybercrime und der Dystopie eines informationellen Totalitarismus. Zentral ist hierbei die Frage, wie sich zukünftig der Staat verhält: Schafft er Sicherheit oder ist er selbst an Unsicherheitsproduktion beteiligt? Gerade digitale Technologien zeigen, wie sehr Menschen bereit sind, persönliche Freiheit und Autonomie durch komfortable und zugleich manipulative Technologien einschränken zu lassen. Digitale Sicherheitstechnologien haben langfristig einen Einfluss auf Menschenbild und Gesellschaftsvertrag. Vorauseilende Verhaltensänderungen, Selbstbeschränkung und „Social Cooling" sind schon jetzt an der Tagesordnung.

Letztendlich ist Sicherheit immer im Spannungsfeld zwischen Gesellschaftstheorie, technologischen Innovationen und sich wandelnden Praxisfeldern zu betrachten. Der Korridor der Gestaltbarkeit von Sicherheit wird jedoch zunehmend kleiner, als es eine rein ingenieurwissenschaftliche Perspektive vermuten lässt. Sicherheit ist ein illusionäres gesellschaftliches Konstrukt. Weder gibt es einen finalen Endzustand optimaler Sicherheit, weil Sicherheit auf einem offenen Erfahrungs- und Erwartungshorizont basiert. Noch kann garantiert werden, dass Ereignisse trotz gleicher Entscheidungen immer gleich ablaufen. Wenn es stimmt, dass alle Entscheidungen zwangsläufig riskant sind, weil sie auf Nicht-Wissen über die Zukunft beruhen, dann sind auch Entscheidungen für Sicherheit riskant. Absolute Sicherheit ist daher nie zu erreichen.

Dialog-Café 2: Grenzen

Impulsgeberinnen:
Dr. Anna-Lisa Müller, Universität Osnabrück
Prof. Dr. Naime Çakır-Mattner, Justus-Liebig-Universität Gießen
Rada Popova, Universität zu Köln

Begleitung: Andrea Bartl, Stiftung Lesen, Mainz
Moderation: Saskia Flegler, Schader-Stiftung
Protokoll und Bericht: Anna-Lena Treitz und Saskia Flegler, Schader-Stiftung

Der Begriff des öffentlichen Raums suggeriert Erreichbarkeit, Nutzungsrechte und freien Zugang für alle. Tatsächlich aber ist öffentlicher Raum mit Grenzen verbunden – sie können sozialer oder räumlicher Natur sein und sich aus der Beschaffenheit des öffentlichen Raums oder aus den Lebensumständen derer ergeben, die ihn nutzen wollen. Seit menschliches Leben auf weit entfernten Planeten denkbar ist, lässt sich darüber hinaus fragen, welche Grenzen unserer Vorstellung von öffentlichem Raum gesetzt sind. Ist öffentliches Leben auf anderen Himmelskörpern denkbar? Und wie überwinden wir Grenzen?

Dimensionen des Ausschlusses

Öffentlicher Raum ist uns wichtig. Dies hält die Sozialgeographin und Soziologin Anna-Lisa Müller, Wissenschaftliche Mitarbeiterin in der Profillinie Migrationsgesellschaften an der Universität Osnabrück, für allgemeinen Konsens. Er ist Ort der Aushandlung gesellschaftlicher Fragen. Allerdings hat der öffentliche Raum auch Grenzen, die mitunter den Zugang zu ihm erschweren. Ausschlussmechanismen, wie sie für demokratische Gesellschaften charakteristisch sind, begegnen uns in zweierlei Gestalt, so die Impulsgeberin. Den öffentlichen Raum sieht sie durch soziale, aber auch durch materielle Grenzen gekennzeichnet. Sozialer Natur sind Barrieren dann, wenn sie bestimmten Gruppen aufgrund ihres Verhaltens oder ihrer Kompetenzen die Chance nehmen, gleichberechtigt am öffentlichen Leben teilzuhaben. Eine materielle Zugänglichkeit beziehungsweise Nichtzugänglichkeit des öffentlichen Raums ergibt sich aus seiner physischen Beschaffenheit. Diese kann sich etwa für Rollstuhlfahrerinnen und Rollstuhlfahrer oder für alte Menschen schwierig gestalten. Beide Ebenen sind sich in ihren Auswirkungen nah. Problematisch werden diese Mechanismen des sozialen und des materiellen Ausschlusses vor allem dann, wenn sie sich gegenseitig verstärken.

Wünschen wir uns einen Diskurs über unsere Vorstellung von öffentlichem Leben, sollten wir uns nach Ansicht der Impulsgeberin mit einigen Fragen konfrontieren: Welchen sozialen Gruppen fehlt der Zugang zum Öffentlichen? Wie kann die materielle Gestaltung des Raumes unser Zusammenleben beeinflussen? Welche Aspekte sind es, die bestimmen, ob eine heterogene Gemeinschaft ein Miteinander pflegt oder sich nur bestimmte Gruppen an einem Ort aufhalten? Wie können wir den öffentlichen Raum und seine Physikalität gestalten, um einen kontroversen Dialog auf verschiedenen Ebenen zu ermöglichen? Und letztendlich: Wie kann sich Öffentlichkeit im gebauten Raum ebenso wie im digitalen Raum herausbilden?

Das *Wir* gewinnt?

Bei alldem, so meint die Impulsgeberin, muss ein absolutes *Wir* im Sinne eines ständig harmonischen Miteinanders nicht zwingend als das ideale Ziel hochgehalten werden. Streit kann für eine positive Irritation sorgen und damit produktiv sein. Wir sollten in Betracht ziehen, dass ein friedliches Nebeneinander in der Öffentlichkeit ebenfalls ein gutes, vielleicht sogar das bessere Ergebnis gesellschaftlicher Aushandlungsprozesse sein kann.

Die offenen Fragen der Impulsgeberin adressieren bei den Teilnehmenden des Dialog-Cafés unterschiedliche, oft sehr persönliche Erfahrungen mit unsichtbaren und sichtbaren Grenzen des öffentlichen Raums. Ein Diskutant sieht eine Entwicklung, die Privates und Öffentliches immer mehr verschwimmen lässt. Früher, so die These, zog man sich weitestgehend in die eigenen Räume zurück, wohingegen sich heute eine Mediterranisierung öffentlicher – zumindest urbaner – Räume zeigt. Anna-Lisa Müller wirft ein: Privatisiere ich den öffentlichen Raum denn nicht auch, wenn ich ihn für mich nutze, mir zu Eigen mache?

Es sind insbesondere soziale Fragen, die die Gäste des Dialog-Cafés umtreiben. Grenzen, das wurde von mehreren beobachtet, zeigen sich dann besonders deutlich, wenn ein Mensch andersartig ist, sich von der Masse abhebt. Wir tendieren zu der Einschätzung, der öffentliche Raum werde von allen gleich wahrgenommen. Dies ist jedoch – gerade in modernen, multikulturellen Gesellschaften – nicht der Fall. Wahrnehmung von öffentlichem Raum ist subjektiv. Ebenso wird die eine Person beäugt, wenn sie im öffentlichen Raum eine auffällige Verhaltensweise an den Tag legt. So sind es die eingefahrenen Muster der Diskriminierung, die nach Auffassung einer Teilnehmerin dafür sorgen, dass es durchaus einen Unterschied machen kann, ob in der Öffentlichkeit ein weißer Mann eine Person anstarrt, oder ein Mann mit dunkler Hautfarbe es tut. Wie sensibilisieren wir uns für diese Grenzen, machen sie sichtbar und überschreitbar?

Teilgeben

Die Forderung nach einem öffentlichen Raum, der ansprechend gestaltet ist und jeder sozialen Gruppe Zugang bietet, ist nicht neu. Das Bemühen politischer Akteure, barrierearme Angebote – etwa in Form kostenloser Veranstaltungen – zu schaffen, die nicht ausschließend wirken, wird von einer Teilnehmerin durchaus wahrgenommen. Aber: wieso ist dann selbst das Publikum eines internationalen Musikfestivals nicht kulturell divers? Wie entstehen hier Grenzen? Die Teilnehmerin beklagt eine ähnlich gering ausgeprägte Diversität im Raum der öffentlich-rechtlichen Medien, etwa wenn es um die Rolle von Menschen mit Migrationsbiographie geht. Diese Ausschlussmechanismen können sich wiederum auf den physischen öffentlichen Raum auswirken. Einer der Anwesenden fragt in die Runde, ob es denn überhaupt richtig und wichtig ist, sich darum zu bemühen, alle in den öffentlichen Raum zu holen. Ist es nicht auch in Ordnung, wenn Menschen sich eher in ihrer eigenen Community bewegen? Identitätsbildung, so beschreibt es ein Sozialpsychologe, bedeutet immer auch Ausschluss. Ob und wie Identitätsfindung jedoch ohne Ausschlussmechanismen gelingen kann, ist eine offene Frage. Der Begriff des Teil*gebens*, den ein Besucher des Dialog-Cafés einbringt, stößt in der Runde auf Interesse und Zustimmung. Grundvoraussetzung muss es schließlich sein, dass Menschen bereit sind, zu geben, zu teilen und egalitär zu denken.

Die Gestaltung des Raumes

Der Zugang zum öffentlichen Leben ergibt sich auch aus der Beschaffenheit des Raumes selbst. Erschwingliche Preise im Personennahverkehr sind ein Beispiel für die Förderung von Chancengleichheit. Ein Anwesender empfindet es als problematisch, dass Bürgerinnen und Bürger viel zu wenig in Planungs- und Gestaltungsprozesse eingebunden und damit vor vollendete Tatsachen gestellt werden. Eine Teilnehmerin spricht von einem kollektiven Gedächtnis von Stadträumen, einer festgefahrenen *mental map* in den Köpfen der Bewohnerinnen und Bewohner. Deshalb sollten vergessene Orte adressiert werden, die vielleicht auch „vergessene Bürgerinnen und Bürger" zurück auf den Plan rufen. Unbeachtet bleiben oftmals auch ländliche Regionen. Dort gibt es im öffentlichen Raum erhebliche Defizite, etwa wenn es um Mobilität und Gesundheitsversorgung geht. Ein Teilnehmer betrachtet diese infrastrukturellen Probleme als eine mögliche Ursache für die Protestwahl extremer Parteien. Dem hält jemand entgegen, dass die Entscheidung, extremen Parteien die Stimme zu geben, auch aus extremem Gedankengut entspringt. Die Abwälzung unserer bürgerlichen Verantwortung auf „die Politik" stellt jedenfalls keine Option dar.

Toleranz und Verantwortung

Was uns vereint und was hinter dem viel beschworenen *Wir* steckt, ist keine leicht zu beantwortende, dafür eine äußerst emotionale Frage. Diese erwächst aus einer sehr privilegierten Sichtweise, findet ein Anwesender. Ist Grenzziehung per se negativ einzustufen? Anna-Lisa Müller resümiert: Grenzen sind etwas sehr Alltägliches, wir ziehen immer und überall Grenzen – und manchmal ist das auch gut so. Vielleicht liegt die Lösung in einem „Sich-so-sein-lassen-wie-man-ist". Dafür braucht es aus Sicht der Impulsgeberin allerdings einen geschützten Rahmen, in dem alles gesagt und jedes Thema angesprochen werden kann, ohne dabei jedoch die persönlichen Grenzen einer anderen Person zu verletzen. Am Ende, so ihr Plädoyer, müssen Menschen vor allen Dingen die Chance bekommen, gemeinsam öffentliche Räume zu gestalten und dabei auch bereit sein, Verantwortung zu übernehmen.

Vielfalt sichtbar machen, Schubladendenken überwinden

In der nächsten Runde des Dialog-Cafés rückt eine Gruppe von Menschen in den Mittelpunkt der Diskussion, die sich nach Meinung der zweiten Impulsgeberin jedoch nicht einfach als homogene Gruppe begreifen lässt. Gesprächsgrundlage der kontrovers verlaufenden Session bildet der Impulsvortrag von Naime Çakır-Mattner, Professorin für Islamische Theologie mit dem Schwerpunkt muslimische Lebensgestaltung an der Justus-Liebig-Universität Gießen.

In den Augen der Impulsgeberin werden muslimische Frauen in der öffentlichen Debatte viel zu häufig als Opfer patriarchaler Unterdrückung oder als Anhängerinnen einer fundamentalistischen Ideologie thematisiert. Dabei geht unter, wie vielfältig die Lebensformen muslimischer Frauen sind. So auch, wenn ihre Teilhabe, oder Nicht-Teilhabe, am öffentlichen Raum angesprochen wird. Die Impulsgeberin sieht durchaus eine kleine Gruppe von Frauen, die fehlende Teilhabe in problematischer Form betrifft. Allerdings ist hierbei eine differenzierte Betrachtungsweise gefragt: diese Debatte bezieht sich nicht auf *den* Islam, sondern auf extremistisches Gedankengut und politische Bestrebungen in Form des Islamismus. Dabei, so wendet Çakır-Mattner ein, ist nicht jede muslimische Frau religiös praktizierend. Die Barriere ist nicht das Dasein als muslimische Frau sein per se. Im Fall fehlender Teilhabe spielen etwa politische und ökonomische Gründe eine Rolle, die bei der Betrachtung dieser sozialen Gruppe ebenfalls in den Blick genommen werden sollten. Beobachtbar ist jedoch auch, dass ein Teil der muslimischen Frauen zwar im öffentlichen Leben zu finden ist, dabei allerdings nur bestimmte Orte aufsucht, zum Beispiel die Räume der Moscheegemeinde.

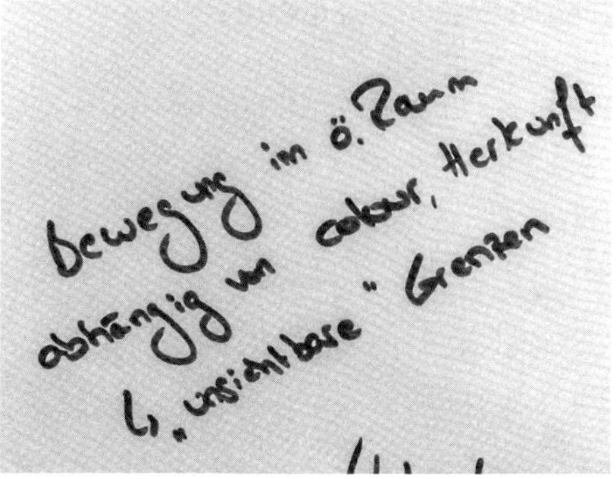

Warum funktioniert das gemeinschaftliche Zusammensein an manchen Orten, an manchen jedoch nicht? Zum einen sind Aktivitäten häufig nicht an die Lebensrealität der Frauen angepasst, etwa wenn bei einer Feier Schweinefleisch auf dem gleichen Grill zubereitet wird wie die übrigen Fleischsorten. Hier ist von einer fehlenden Diversitätsorientierung auszugehen. Wird Diversitätsorientierung allerdings zu hoch gehalten, kann sie wiederum zum Problem werden. Die Impulsgeberin plädiert für einen allgemeinen Paradigmenwechsel. Religion und Kultur müssen ihren „Masterstatus" verlieren, wenn es um die Einordnung von und den Umgang mit anderen Menschen geht. Ein gemeinsames öffentliches Leben, das lebensweltorientiert ausgerichtet ist, kann Menschen verstehend und gestaltend in Netzwerke einbinden. Es sollte davon abgesehen werden, Menschen auf ihre bloße Religionszugehörigkeit zu reduzieren.

Das Eigene und das Kollektive

Im anschließenden Gespräch stellt sich die Frage, ob die beschriebene Entwicklung nicht eine umso größere interkulturelle Sensibilität voraussetzt. Naime Çakır-Mattner sieht einen schmalen Grat zwischen dieser Sensibilität und der Orientierung an Religion und Kultur als Leitkategorien. Während wir versuchen, Differenzen auszugleichen, werden häufig im gleichen Zug Differenzen geschaffen, argumentiert sie. Ähnliche Schwierigkeiten, wie sie bei muslimischen Frauen auftreten, können schließlich auch in anderen gesellschaftlichen Gruppen sichtbar werden, die wiederum andere Ebenen der Lebenswelt betreffen.

Der Begriff der „lebensweltlichen Perspektive" impliziert aus Sicht eines Kommentars eine falsche Geschlossenheit des privaten Raums. Die Frage muss jedoch sein, wie man sich aus seiner sozialen Lage heraus in das Kollektive einbringt. Hierbei sind Intermediäre entscheidend, angesetzt werden muss beim Gemeinschaftlichen. Auch ein anderer Teilnehmer hält die kollektive Ebene für bedeutsam. Eine kulturelle Prägung ganz abzulegen, schätzt er als schwierig ein. Dem Anspruch der Impulsgeberin könnte aber auf der strukturellen und institutionellen Ebene nachgegangen werden. Naime Çakır-Mattner hält beide Ebenen für entscheidend. Für sie ist es insgesamt wichtig, Menschen dazu zu befähigen, in der Gesellschaft mitzuwirken und teilzuhaben. Dies erfordert auch Selbstbefähigung, so ein Hinweis aus der Runde.

Perspektivwechsel

Andrea Bartl, die Begleiterin des Dialog-Cafés, bringt die Perspektive junger Muslimas ins Gespräch. Welche Möglichkeiten gibt es, den öffentlichen Raum für die zweite und dritte Generation von Menschen muslimischen Glaubens in Deutschland aktiv gestaltbar zu machen? Ergänzend wird gefragt, ob es Kindern und jungen Menschen denn überhaupt wichtig ist, welcher Glaubensform ein Mensch angehört. Sind wir nicht dabei, das zu überwinden? Hinsichtlich der jüngeren Generation weist die Impulsgeberin auch auf soziale Netzwerke hin, in denen sich viele Gruppen und Vereinigungen junger Muslimas gebildet haben. Sie möchten sich Gehör verschaffen und in den

Diskurs einbringen. In den letzten Jahren hat sich für sie viel getan: Frauen möchten mitreden und sich nicht in die Opferrolle drängen lassen. Eine Anwesende erwähnt öffentlich aktive Frauen mit Migrationsbiographie. Diese müssen sich ständig für ihr Handeln rechtfertigen, werden von Fremden angefeindet und bedroht. Gefordert wird ein Umdenken. Eine Gesprächsteilnehmerin greift das Argument der Selbstbefähigung auf. Man kann Frauen nicht die Schuld für fehlende Teilhabe geben, insbesondere vor dem Hintergrund einer anhaltenden strukturellen Diskriminierung aller Frauen, ganz gleich welcher Glaubensgemeinschaft sie angehören. Deutschland, so analysiert die Teilnehmerin, ist durch patriarchale Machtstrukturen gekennzeichnet.

Darüber hinaus beschäftigt sich die Gesprächsrunde mit der Anmerkung eines Teilnehmers, dass wir alle viel zu sehr in Codes, Mustern und etablierten Normen – etwa Ost/West, Deutsch/nicht Deutsch – denken. Als privilegierte Person, so ergänzt sein Nachbar, erkennt man diese Codes oftmals gar nicht. Die eigene Wirksamkeit im öffentlichen Raum zu betrachten setzt voraus, sein eigenes Handeln „befremdet", von außen in den Blick zu nehmen, also die Perspektive zu wechseln. Können wir gemeinsam neue Codes entwickeln? Ist es überhaupt notwendig, dass wir überall dazu gehören? Die Impulsgeberin weist in ihrem Schlusswort auf diese Überlegung hin: Auch im Diskurs über Muslimas im öffentlichen Raum kann es ein erster Schritt sein, die Mechanismen der (Selbst)-Ethnisierung zu verstehen, um sie im zweiten Schritt nicht unser Miteinander bestimmen zu lassen.

Raum der unbegrenzten Möglichkeiten

Eine perspektivische Dimension des öffentlichen Raums beleuchtet in der dritten und letzten Session des Dialog-Cafés die Impulsgeberin Rada Popova, Wissenschaftliche Mitarbeiterin des Instituts für Luftrecht, Weltraumrecht und Cyberrecht an der Universität zu Köln. Sie nimmt die fast ausschließlich männlich besetzte Runde mit auf eine gedankliche Reise in die Welt der Himmelskörper und der Paragraphen. Dabei wird schnell klar, dass sie aus der Sphäre des Weltraumrechts nicht nur Antworten, sondern vor allen Dingen viele offene Fragen mitbringt.

Weltraum – das klingt exotisch. Allerdings, so sieht es die Impulsgeberin, ist der Weltraum uns eigentlich sehr nah. Weit entfernt ist man aktuell jedoch von einem klaren rechtlichen Rahmen. Wem gehört der Weltraum? Weltraum ist – erklärt die Impulsgeberin – Gemeinschaftseigentum. Grundsätzlich darf ihn zwar jeder Staat nutzen, kein Staat und kein anderer Akteur ist jedoch legitimiert, im Alleingang über ihn zu entscheiden. Staatliche Souveränität erstreckt sich auf den jeweiligen territorialen Bereich und kann nicht auf einen anderen Himmelskörper übertragen werden. Die Zuständigkeit für Entscheidungen, die den Weltraum betreffen, liegt beim Weltraumausschuss der Vereinten Nationen, der nach dem Konsensprinzip handelt. Zurzeit existieren fünf internationale Abkommen – der Weltraumvertrag von 1967 sowie vier ergänzende und konkretisierende Verträge –, die insgesamt als „das Weltraumrecht" bezeichnet werden können. Diese Abkommen regeln jedoch lediglich einen minimalen Teil dessen, was es zu regeln gäbe, merkt Rada Popova an. Weder auf physischer noch auf rechtlicher Ebene besteht eine Übereinkunft, wo eine klare Grenze zwischen Erde und Weltraum zu ziehen ist. Inzwischen sind erste Staaten dazu übergegangen, nationale Weltraumgesetze zu erlassen, die Fragen der Erforschung und Nutzung von Ressourcen im Weltraum regeln.

Freiheit als Tragödie

Warum denken Menschen, sie könnten einfach so über den Weltraum verfügen? Der Weltraum ist heute leichter und günstiger zugänglich denn je, allerdings gleichzeitig auch stärker frequentiert. Die Summe derer, die sich dort bewegen, ergibt sich nicht nur aus einigen Astronautinnen und Astronauten, die zudem nur von wenigen Nationen

Braucht der Mensch Grenzen, um sich wohl\sicher zu fühlen?
→ warum wird der Weltraum nicht als „grenzenloser Raum" akzeptiert, und stattdessen Grenzen gezogen (z.B. Sonnensystem, bis zum Mars...)

entsandt werden. Ganz im Gegenteil: Eine große Menge an Satelliten im Weltraum stellt sicher, dass auf der Erde beispielsweise Kommunikation überall und jederzeit möglich ist. Nicht nur staatliche Weltraumorganisationen, auch Start-Ups dringen ganz selbstverständlich in höhere Sphären vor. Schon heute, so merkt die Impulsgeberin an, sind wir abhängig vom Weltraum. Was würden wir ohne Navigation und andere kritische Netzwerke tun, die ohne Verbindung nach ganz oben nicht in gleicher Weise funktionieren? Dies alles führt zu Nutzungskonflikten, die sich in Zukunft zuspitzen könnten.

Für Rada Popova stellen sich in der Weite des Alls ähnliche Fragen wie im öffentlichen Raum auf dem Boden von Mutter Erde. Unsere Handlungsfreiheit ist groß. Was wird die Menschheit aus dieser Freiheit und speziell aus dem erdnahen Weltraum machen? Wie weit darf der Anspruch auf Erforschung und Nutzung des Weltraums gehen? Brauchen wir Grenzen im grenzenlosen Raum, brauchen wir eine gewisse Bescheidenheit? Wird es nicht nur auf der Erde dazu kommen, dass wir eine Übernutzung provozieren? Daran schließt die Frage an, ob der Weltraum ausreichend geschützt wird. Herausfordernd fragt die Impulsgeberin: Wollen wir ihn denn überhaupt schützen oder wollen wir ihn ausbeuten? Aus Rada Popovas Perspektive agieren die Menschen in Weltraumfragen ähnlich reaktiv, wie sie es bei der Ausbeutung der Erde handhaben, obwohl präventives Verhalten angebracht wäre.

Höhere Gefilde

Der Weltraum als das Ziel der Begehrlichkeiten, so beschreibt es ein Teilnehmender, ist schon in unseren Köpfen verankert, seit wir Kindheitsgeschichten über die Mondlandung gehört haben. Eine ganz praktische und basale Frage wird an die Impulsgeberin gerichtet: Wo liegt eigentlich die Grenze zwischen Erde und Weltraum? Auf welcher Höhe fängt der Weltraum an? Eine rechtlich festgeschriebene Grenze, erklärt Rada Popova, existiert schlichtweg nicht. Richtwerte sind die maximale Flughöhe von Flugzeugen und die Minimalhöhe, auf der sich Satelliten bewegen. Diese beiden Größen sind jedoch nicht deckungsgleich, dazwischen befindet sich auch Raum, der sich weder der Erdatmosphäre noch dem Aktionsbereich von Satelliten zuordnen lässt. Nach physischen Gesichtspunkten liegt die Grenze des Weltraums bei etwa 80 Kilometern über der Erdoberfläche. Bislang, so stellt die Juristin heraus, gab es jedoch noch keine Konflikte zwischen Flugrecht und Weltraumrecht.

Weltraum als rechtsfreies Vakuum

Die Ausgestaltung des weltraumrechtlichen Rahmens, so mehrere Stimmen aus der Runde, müsste sich aber doch auf die Normen anderer Rechtsgebiete stützen können, etwa das Seerecht. Schließlich wurden Meere und Ozeane einst in definierte Räume aufgeteilt. Rada Popova macht deutlich, dass ein solcher Vergleich nicht möglich ist, da die beiden Räume zu unterschiedlich beschaffen sind. Ein Teilnehmender sieht allerdings eine Parallele zwischen Weltraum und Weltmeeren, soweit es um militärische und machtpolitische Fragen geht. Eine differenzierte Betrachtung schlägt er vor,

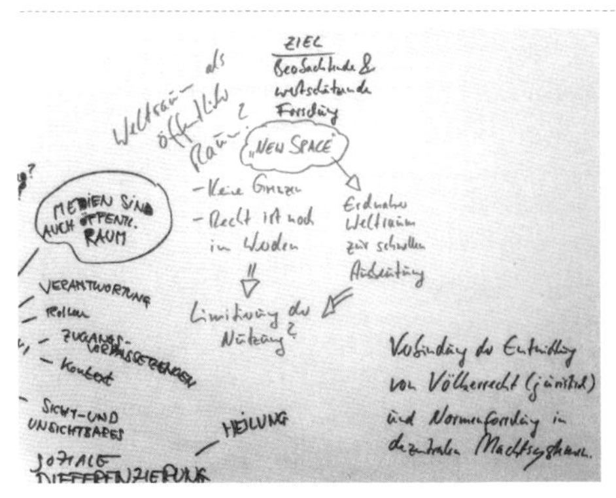

wenn es um die Abgrenzung zwischen dem Weltraum und einzelnen Planeten geht, ebenso wie zwischen staatlichen und privaten Akteuren. Schließlich vertreten, so seine Meinung, beide Akteurstypen eine vollkommen unterschiedliche Interessenlage wie auch eine andere Zielsetzung bei der Verwertung und Nutzung des Weltalls. Den Großteil der Regeln, so befindet ein Mitdiskutant, setzen bereits jetzt ohnehin private, wirtschaftsorientierte Handlungsträger. Unter ihnen werden, im Gegensatz zur internationalen Staatengemeinschaft, durchaus Allianzen geschmiedet.

Wie wir mit dem Weltraum und den uns drohenden Gefahren, etwa in Form von Weltraumschrott oder Konflikten um den Weltraum selbst, umgehen, das ist für einen Teilnehmer die drängendste Aufgabe der internationalen Gemeinschaft. Am besten, so der Vorschlag, wäre eine Regelung auf transnationaler Ebene, etwa durch die Vereinten Nationen. Privaten Unternehmen sollte man es verbieten, den Weltraum nach Gutdünken auszubeuten. Der Redner macht seinen Standpunkt deutlich: Einzig auf Grundlage eines Mandats der internationalen Staatengemeinschaft sollte die Nutzung des Weltraums zulässig sein. Die Impulsgeberin schätzt es jedoch auf politischer Ebene als schwierig ein, eine Weiterentwicklung des Weltraumrechts auf das Konsensprinzip zu gründen. Eine Diskussion über all diese Fragen wird zwar durchaus geführt, an vielen Stellen stagniert sie jedoch. In der Folge sind Staaten bei der Nutzung des Weltraums langsamer als private Unternehmen, diese finden im rechtsfreien Vakuum Raum. Dass einzelne Staaten sich deshalb entscheiden, selbst Gesetze zu verabschieden und Weltraumstrategien zu entwickeln – wie etwa die USA im Jahr 2015 oder Luxemburg im Jahr 2014 – ist nach Auffassung der Impulsgeberin als Vorstoß zu werten. Aber darin liegt auch eine klare Rechtsverletzung begründet.

Moon Village und die Folgen menschlicher Hinterlassenschaften

Auch der Gedanke des Weltraums als Alternative zum Lebensraum Erde beschäftigt die Runde. Die Planung muss, so findet ein Gesprächsteilnehmer, von der internationalen Gemeinschaft geregelt werden. Ein anderer Teilnehmer bringt die Idee des Moon Village ein – mit dauerhafter Sesshaftigkeit und einer rechtlichen Abkopplung von der Erde. Wie viel Freiheit, ihr Leben außerhalb der Erde zu gestalten, sollte Menschen überhaupt zustehen? Zu berücksichtigen ist der aktuelle Stand der Entwicklungen, zum Beispiel im Hinblick auf Rückholmöglichkeiten. Besteht die Gefahr eines unüberlegten Schnellschusses? Schließlich ist es bisher nicht in jedem Fall durchführbar, Personen auf die Erde zurückzuholen. Wir Menschen hinterlassen Spuren an dem, was wir als unseren Lebensraum begreifen. Müll ist inzwischen nicht mehr nur auf der Erde ein Problem. Wer verantwortet die Straßenreinigung des Weltalls? Kann man unsere Hinterlassenschaften überhaupt noch wegräumen? Noch, erklärt Rada Popova, gibt es lediglich erste Versuche, Weltraumschrott aus dem All zu entfernen. Aufgrund der hohen Geschwindigkeiten gestaltet sich das auch sehr gefährlich. Und es ist nicht einmal erlaubt, zumindest dann nicht, wenn Weltraumnutzer den Schrott nicht selbst dorthin befördert haben. Besonders private Akteure verschweigen diese Problematik.

Nutzung mit Bedacht

Eine weitere Annäherung an das Thema bringt ein Sozialwissenschaftler ins Spiel: Er fragt, ob sich eine Verbindung zwischen der Normforschung in den Gesellschaftswissenschaften und dem Weltraumrecht herstellen lässt. Da Weltraumrecht Bestandteil des Völkerrechts ist, spielen für die Impulsgeberin Fragen rund um Normen, Ethik und Philosophie eine große Rolle. Zu bedenken, so führt ein Mitdiskutant das Gespräch auf eine ganz neue Ebene, ist schlussendlich, dass unsere Rechtsordnung einmal mit denen anderer Zivilisationen kollidieren könnte, die auch Ansprüche an den Weltraum erheben. Auch Rada Popova hält in der Sphäre des Weltraumrechts kreative Gedanken für erforderlich. Noch, so findet sie, haben wir die Chance, den Weltraum sinnvoll zu nutzen. Wir sollten dabei Acht geben, nicht in die gleichen Fallen zu tappen wie auf Erden.

Resümee

Andrea Bartl, die als Mitglied des Stiftungsrats der Schader-Stiftung das Dialog-Café begleitet, fasst die Diskussion der drei Runden zusammen:

Der Begriff „Öffentlicher Raum" suggeriert auf den ersten Blick Erreichbarkeit, Nutzungsrechte und einen freien Zugang für Jeden. Tatsächlich jedoch existieren Barrieren räumlicher, sozialer oder materieller Natur, die verschiedenen gesellschaftlichen Gruppen diesen Zugang erschweren oder in Gänze verwehren. Diese Barrieren können durchaus additiv wirken: Materialität strukturiert den öffentlichen Raum und die damit verbundenen Möglichkeiten des Austausches. Sie limitiert aber möglicherweise zugleich die Zugänglichkeit und verstärkt damit bereits existierende soziale Ausschlusskriterien. Dabei ist es doch gerade Ziel des öffentlichen Raumes, ein potenzielles Miteinander zu ermöglichen, ein Nebeneinander zuzulassen, um Orte des Dialoges zu bieten und auch Orte der Kontroverse zu schaffen – einen Raum für das Nicht-Allein-Sein zu bilden.

Unsichtbare Grenzen erschweren die Situation. Hierzu zählen soziale Hierarchien und Abhängigkeiten, die das Verhalten des Individuums prägen, eine unterschiedlich ausgeprägte Privilegiertheit erzeugen und damit die gelebte Inanspruchnahme des öffentlichen Raumes und die Identitätenbildung zu „Wir" und „die Anderen" maßgeblich beeinflussen.

Beispielhaft steht hier die Gruppe der muslimischen Frauen, deren Zugang zum öffentlichen Raum von deren eigener Definition des Raumes abhängt, aber auch von den möglicherweise selbst gesetzten Grenzen oder gelebten Mechanismen der Selbstexklusion, um dem Wunsch nach Sicherheit und Souveränität Rechnung zu tragen.

Neben der Anerkennung, dass Grenzen für sich genommen normal sind und sie Zugehörigkeiten im besten Sinne schaffen, erzeugt eine frühe Einbeziehung aller Gruppen in den Gestaltungsprozess des öffentlichen Raumes ein gemeinsames Gefühl der Verantwortung für diesen Raum und sollte in dieser Form auch von der Politik aufgegriffen werden.

Als letzter Raum ohne Grenzen, als idealisierter öffentlicher Raum – ohne Ausdehnung der staatlichen Souveränität, ohne völkerrechtliche Einbindung – mit den damit verbundenen Chancen und Risiken präsentiert sich derzeit (noch) der Weltraum. Staatliche und private Akteure betreiben jedoch die zunehmende Kommerzialisierung des Weltraums und lassen damit eine politische Diskussion um die Frage „Wie entstehen Normen im staatenfreien Raum?" unumgänglich werden, um diesen grenzenlosen Raum zu schützen und zu bewahren.

Dialog-Café 3: Planung

Impulsgeberin und Impulsgeber:
Dr.-Ing. Elena Wiezorek, Architektenkammer Rheinland-Pfalz, Mainz
Reiner Nagel, Bundesstiftung Baukultur, Potsdam
Prof. Dr. Wolfgang Sonne, Technische Universität Dortmund

Begleitung: Prof. Dr. Caroline Y. Robertson-von Trotha,
Karlsruher Institut für Technologie (KIT)
Moderation: Peter Lonitz, Schader-Stiftung
Protokoll und Bericht: Laura Pauli und Peter Lonitz, Schader-Stiftung

Im Jahr 2050 werden zwei Drittel aller Menschen in Städten leben – wie können Bewohnerinnen und Bewohner mit unterschiedlichen kulturellen, religiösen oder ethnischen Hintergründen friedlich koexistieren? Daraus ergibt sich die Frage nach der Beziehung zwischen urbanem Planen und städtischen Lebensbedingungen. Wie hat sie sich historisch gewandelt? Wie kann eine offene Stadt aussehen, die geprägt ist von Vielfalt und Veränderung – und deren Bewohner Fähigkeiten im Umgang mit Unsicherheiten entwickeln? Es braucht eine Urbanistik, die eine enge Zusammenarbeit von Planenden und Bevölkerung einschließt und voraussetzt – und die Erkenntnis, dass eine Stadt voller Widersprüche urbanes Erleben nicht einengt, sondern bereichert.

Leitbilder der Stadtplanung: Funktion – Nutzung – Schönheit

Leitbilder haben für Stadtplaner oftmals eine ganz besondere Bedeutung. Es gehört zu der Profession einer Planerin und eines Planers, mit normativen Beschreibungen der Zukunft zu arbeiten. Denn der öffentliche Raum ist eng mit dem Leitbild der europäischen Stadt verknüpft. Für Elena Wiezorek, Impulsgeberin der ersten Runde des Dialog-Cafés, sind die politische und ökonomische Emanzipation des Bürgers maßgebliche Charakterzüge einer europäischen Stadt. Elena Wiezorek ist Hauptgeschäftsführerin der Architektenkammer Rheinland-Pfalz sowie Vorsitzende der Landesgruppe Hessen, Rheinland-Pfalz, Saarland der Deutschen Akademie für Städtebau und Landesplanung (DASL). Sie stellt in ihrem Impulsvortrag den öffentlichen Raum in Bezug zu vier aktuell gesellschaftspolitisch relevanten Themen. Demokratie, Digitalisierung, Heimat und Klimaschutz sind für Elena Wiezorek die derzeit wichtigen Punkte, die sie mit jeweils einer These zur Diskussion stellt.

Das Freiheitsversprechen der europäischen Stadt

Das Konzept der Freiheit innerhalb europäischer Städte fußt auf der Erwartungshaltung sowohl politisch als auch ökologisch emanzipierter Stadtbürgerinnen und -bürger.

Folgt man dem Gedanken Elena Wiezoreks, so spielt das Konzept der Fremdheit eine ganz wesentliche Rolle. Ein Konzept, das eng verbunden ist mit den Freiheitsversprechen der europäischen Stadt und den Möglichkeiten, Erwartungshaltungen und Bewegungsspielräumen innerhalb einer demokratisch organisierten Gesellschaft. Elena Wiezorek fragt, ob diese Freiheitsversprechen im öffentlichen Raum heute noch Gültigkeit besitzen. Die Divergenz von Freiheit und Überwachung wird besonders deutlich, wenn man den Blick auf Länder richtet, in denen das nicht mehr so ist, beispielsweise auf China. Chinas Überwachungssystem hebt Anonymität im öffentlichen Raum strukturell auf. Fehlverhalten wird auf öffentlichen Plätzen angeprangert. Der öffentliche Raum wird dafür gebraucht und dadurch missbraucht und nimmt der Öffentlichkeit die Möglichkeit, sich als Fremde wertungsoffen zu begegnen. In Deutschland und in Europa sind diese Zustände noch nicht erreicht, aber auch hier lassen sich Veränderungen beobachten: Die Anzahl der Kameras an öffentlichen Plätzen nimmt zu, ebenso der Gebrauch von Funktionen wie Gesichtserkennung, aber auch der kritische Diskurs um die Weitergabe von Daten gewinnt zunehmend an Gewicht. Doch im Kern, so die erste These Elena Wiezoreks, leben wir im öffentlichen Raum einer europäischen Stadt mehr denn je die Idee des Freiheitsversprechens.

Digitalisierung des öffentlichen Raums als Chance

Die zweite These der Impulsgeberin: Digitalisierung kann die physische Nutzung des öffentlichen Raums verstärken. Zwar verlegt sich der öffentliche Diskurs immer mehr ins Internet, und ohne Zweifel findet in sozialen Netzwerken ein intensiver Austausch statt. Bürgerinnen und Bürger haben auf Plattformen und Meinungsseiten die Möglichkeit, anonym zu kommunizieren. Sie können auf digitalem Weg in politische Debatten eingebunden werden. Bei der jüngsten Wahl des Mainzer Oberbürgermeisters fand etwa die soziale Kommunikation mit den Kandidierenden zu einem guten Teil im Internet statt. Ist das ein Indiz, dass im analogen öffentlichen Raum der politische Diskurs an Bedeutung verliert? Nach Elena Wiezoreks Beobachtung nicht, denn gerade Organisationen wie Fridays for Future, Pegida und Co. suchen den öffentlichen Raum in seiner physischen Form als Forum des Austauschs. Es sind weiterhin die zentralen Plätze, man denke an den Neumarkt in Dresden oder den Taksim-Platz in Istanbul, die als Orte der politischen Auseinandersetzung genutzt werden.

Städte für Menschen

Emotionale Aufladung und eine regelrechte Renaissance des Heimatbegriffs prägen derzeit die gesellschaftliche Debatte. Aus Sicht der Impulsgeberin impliziert der Begriff Heimat eine hohe gesellschaftliche Erwartungshaltung. Nach ihrer dritten These sind es Heimat und Heimatverbundenheit, die einen Beitrag zur qualitätsvollen Gestaltung des öffentlichen Raums leisten können. Das Gefühl von Vertrautheit und Verbundenheit schafft Heimat. Menschen beschreiben Heimat mit Attributen wie Orientierung, regionale Besonderheiten und Geborgenheit. Öffentliche Areale sollten demnach eine bauliche Einladung an Bewohnerinnen wie auch an Besucher sein, den öffentlichen Raum als solchen wahrzunehmen und sich dort zum Aufenthalt und Austausch zu treffen. Wenn sich Menschen dem physischen öffentlichen Raum verweigern und dort keinen Diskurs mehr führen, weil sie ihn nicht als ihre Heimat ansehen, findet eben, außerhalb der virtuellen Sphäre, kein öffentlicher Diskurs mehr statt. Dann verlieren sowohl die demokratischen Institutionen als auch die Gesellschaft an Integrationskraft.

Zeitfenster zur Umgestaltung des öffentlichen Raums

Die Debatte um den Klimaschutz sollte für die Gestaltung des öffentlichen Raums genutzt werden. Das verstärkte Klimabewusstsein könnte eine Chance sein, die seit Jahrzehnten angestrebte Umverteilung öffentlicher Flächen endlich umzusetzen. Elena Wiezorek spricht mit ihrer vierten These die bis jetzt kaum realisierte Gleichberechtigung der verschiedenen Verkehrsteilnehmenden bei der Beanspruchung des öffentlichen Raums an. Zwischen den Mobilitätsgruppen herrscht immer noch kein ausgewogenes Verhältnis bei der Verteilung des Transportaufkommens auf verschiedene Verkehrsmittel. Dieser sogenannte Modal Split und die Raumansprüche der verschiedenen Parteien stehen in Konkurrenz zueinander. Also könnte der Diskurs über umweltfreundlichere Verkehrswege im gleichen Zug dem Austarieren der räumlichen Nutzung zu Gute kommen. Shared Spaces und beispielsweise mehr Fahrradwege strukturieren den öffentlichen Raum in einer Weise, die eine höhere Akzeptanz in der breiten Gesellschaft schafft und damit dem öffentlichen Raum mehr Qualität gibt.

Diese positive Einschätzung teilt der zweite Impulsgeber Reiner Nagel, Architekt, Stadtplaner und Vorstandsvorsitzender der Bundesstiftung Baukultur, nicht. Er ist der Ansicht, dass der Klimawandel schon jetzt die öffentlichen Räume tangiert. Dabei ist es vor allem der Mobilitätsumbau, der Konflikte mit sich bringt. Der öffentliche Raum hat schon mehrere Umwälzungen erlebt, sei es von der Kutschmobilität zur Automobilität oder nun der immer noch andauernde Umbau der autogerechten Stadt zur menschengerechten Stadt. Doch der Wachstumstrend in der Automobilindustrie zeigt in eine andere Richtung: Die Zahl der Neuzulassungen für Autos steigt weiterhin, im Jahr 2018 waren es 3,4 Millionen, und insgesamt misst die Bundesrepublik den höchsten Fahrzeugbestand, den es je gab. Die Größe moderner Autos schränkt die Nutzfläche des öffentlichen Raums innerhalb der Städte zusätzlich ein.

Nutzungskonflikte zwischen Verkehrsträgern

Die Nutzungskonflikte zwischen Kraftfahrzeugen, Fahrrädern und Fußgängern stehen im Vordergrund der anschließenden Diskussion. In den Städten sind erstere heute kaum mehr als Fahrzeuge zu bezeichnen, vielmehr müssten sie „Stehzeuge“ genannt werden, so ein Teilnehmer der Diskussion. In seinem Impuls macht Reiner Nagel deutlich, dass ruhender Verkehr immer mehr Fläche in Anspruch nimmt, zugleich ein Phänomen von zunehmender Privatisierung im öffentlichen Raum: Fahrzeuge sind schließlich privates Eigentum, das im öffentlichen Raum abgestellt wird, somit öffentlich verfügbare Nutzfläche in Beschlag nimmt und andere Verkehrsteilnehmer in Bedrängnis bringt. Ein Teilnehmer berichtet von kleinen Veränderungen, zum Beispiel werden vermehrt Busspuren auf den Straßen eingezeichnet, um dem Linienverkehr die bessere Einhaltung der Fahrpläne auch zu Stoßzeiten des Verkehrs zu ermöglichen. Gefragt sind jedoch weitere mutige Schritte seitens der Stadtplanung. Besonders die Platzverschwendung durch parkende Autos muss seiner Meinung nach neu gedacht werden. Die Gesellschaft akzeptiert nur sehr langsam größere Veränderungen in der Verkehrsplanung, und stadtplanerische Ideen für die Neugestaltung von Straßen stoßen oftmals auf Widerstand. Planungsbüros feiern es als Erfolg, wenn nach jahrelangen Streitereien der Bau von Busspuren genehmigt wird.

Geht nicht, gibt’s nicht!

Als positiv bewertet ein Teilnehmer der Runde bereits die Debatte um die verschiedenen Nutzungsansprüche im öffentlichen Raum. Er ist der Meinung, dass eine Veränderung der Nutzungsgewohnheiten seitens der Verkehrsteilnehmer vor allem durch eine klarere Tarifpolitik initiiert werden kann. Zudem haben einige Städte zusätzliche Park-and-ride-Plätze eingerichtet, um die Innenstädte weniger durch Autos zu blockieren. So können in den Wiener Park-and-ride-Garagen Autos sehr günstig und mit direkter Anbindung an eine U-Bahn-Linie geparkt werden, was ermöglicht, das Stadtzentrum schnell und bequem zu erreichen.

Günstigere Jahrestickets für den ÖPNV können Menschen ebenfalls zum langfristigen Umdenken bewegen, fügt ein weiterer Teilnehmer an. Reiner Nagel stimmt einer Tarifsteuerung prinzipiell zu, aber sie bringt den ÖPNV nach seiner Ansicht in ein

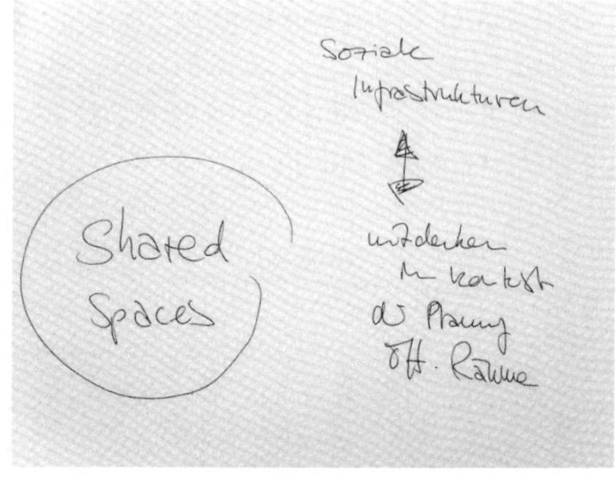

Dilemma. Eine zu schnelle übergangslose Steuerung zugunsten des ÖPNV überfordert diesen und sprengt seine Kapazitäten. Als positives Beispiel für die erfolgreiche Umgestaltung eines innerstädtischen Verkehrswegs sieht er die Osterstraße in Hamburg. Durch einen umfassenden Ausbau von Fahrradwegen und durch die Einschränkung des Parkens auf Radwegen konnte der im Dialog-Café angesprochene Modal Split erreicht und ein Verkehrskonzept geschaffen werden, das für alle Verkehrsteilnehmer mehr Sicherheit bringt.

Knigge für den öffentlichen Raum

Was in Hamburg vorbildlich funktioniert, äußert sich in Berlin weiterhin als harter „Straßenkampf" um Nutzung, Verschmutzung und Koexistenz. Wie verträgt sich die Stadtplanung mit der Forderung nach mehr Bürgerbeteiligung? Bürgerinnen und Bürger sind in dem Aushandlungsprozess über verkehrsplanerische Fragen mitzunehmen, durch Information und die Möglichkeit, ihre Meinung in Foren kundzutun. Ist dies nicht der Fall, entlädt sich der Unmut schnell in Verständnislosigkeit, wenn nicht in Wut. Die Verkehrsauslastung innerhalb der Städte hat sich signifikant erhöht. Es leben mehr Menschen auf weniger Fläche, das bedeutet eine höhere Dichte und größere Nähe auch im öffentlichen Raum.

Was oftmals zum Problem wird, sind ungeklärte Zuständigkeiten und mangelnde Verantwortlichkeiten in Bezug auf den öffentlichen Raum. Verschiedene Ämter schieben sich gegenseitig Aufgaben zu, im Zweifel mit dem Argument „Wir sind dafür nicht zuständig", so eine Position während der Diskussion. Ein weiterer Teilnehmer bemerkt, dass die geteilte Verantwortung sich eher als geteilte Unzuständigkeit beschreiben lässt, was zwangsläufig zu einem häufig beklagenswerten Zustand von öffentlichen Räumen führt. Er fordert eine Art Knigge für die Handlungsbereitschaft kommunaler Ämter, aber auch für den Umgang aller Menschen im öffentlichen Raum und als Grundlage zur Schlichtung von Nutzungskonflikten.

Öffentlicher versus privater Raum

Nutzungskonflikte innerhalb der Bewohnerschaft sind oftmals auf die Unterscheidung von privatem und öffentlichem Raum zurückzuführen. Der dritte Impuls von Wolfgang Sonne, Professor für Geschichte und Theorie der Architektur an der Technischen Universität Dortmund, knüpft genau an dieser Unterscheidung an. Öffentlichkeit und Privatheit stehen nicht in einem Gegensatz zueinander, sie bedingen sich vielmehr wechselseitig. Ohne Öffentlichkeit gibt es keine Privatheit, denn die Sphäre der Öffentlichkeit hat dazu geführt, dass sich parallel Privatheit ausbilden konnte. Wie der Soziologe Hans Paul Bahrdt bereits in den 50er Jahren zum Ausdruck brachte, eröffnen Städte so die Möglichkeit zur „unvollständigen Integration". Es bedeutet, nicht vollständig in eine bestimmte gesellschaftliche Gruppe integriert zu sein, sondern es ist möglich, an unterschiedlichen Gruppierungen teilzuhaben, aber sich aus diesen auch wieder zurückzuziehen. Der Rückzug in die Privatheit ist die Basis für den erneuten

Eintritt in unterschiedliche Gruppen und damit in die Öffentlichkeit. Diese Differenz von Öffentlichkeit und Privatheit sieht Wolfgang Sonne als entscheidende Grundlage städtischer Kultur.

Wie Sonne ausführt, gibt es neben den rein öffentlichen und rein privaten Räumen verschiedenste Differenzierungen. So kennt die Siedlungsplanung, basierend auf der Idee der Gartenstadt, quasi private offene Räume, etwa in Form von Grünraum oder auch Hofraum im Inneren einer Blockrandbebauung, der entweder ausschließlich privat genutzt wird oder halböffentlich ist, beispielsweise wenn er Gewerbe beherbergt.

Wolfgang Sonne vertritt die Meinung, dass sich die Stadtplanung vor allem mit dem öffentlichen Raum beschäftigt hat und das Mitdenken des privaten Raums in den letzten 80 bis 100 Jahren partiell verloren gegangen ist. Besonders totalitären Regimes ist es dem Impulsgeber nach daran gelegen, private Rückzugsorte zu verhindern und damit die Überwachung der Bürgerinnen und Bürger zu optimieren.

Reiner Nagel hatte in seinem Impuls die Unterscheidung von öffentlichem und privatem Raum anhand des von Giovanni Battista Nolli im Jahr 1748 entworfenen Plans der Stadt Rom verdeutlicht. Dieser Stadtplan zeigt in weißen und schwarzen Schraffuren die Aufteilung von öffentlichen Innen- und Außenräumen. Was oft vergessen wird: der frei zugängliche öffentliche Raum umfasst nicht nur den Bereich der Straßen und Plätze, auch Innenräume von Bahnhöfen, Kirchen, Rathäusern, Bildungsbauten, sogar Shoppingcenter gehören dazu. Flächen, die im Eigentum der öffentlichen Hand stehen, nehmen hierbei in der Regel 30% bis 40% des städtischen Raums ein. Reiner Nagel weist zudem auf einen privatrechtlichen Aspekt öffentlicher Räume hin, nämlich die Sondernutzungs- und Nutzungsrechte, etwa für Außengastronomie, mit der Folge einer immer stärkeren Übernutzung öffentlicher Räume in den Innenstädten.

Haben wir eine „Kuschelvorstellung" von öffentlichem Raum?

Impulsgeber Wolfgang Sonne fragt, ob im öffentlichen Raum eine Form von Dialog überhaupt stattfindet. Oder ist es vielmehr der halböffentliche Raum, wie zum Beispiel Cafés, der Dialog ermöglicht. Muss der öffentliche Raum überhaupt ein Ort des Dialoges sein oder hängen wir einer naiven „Kuschelvorstellung" vom öffentlichen Raum an, als ein Ort der Begegnung und des Austauschs zwischen Fremden? Würden wir ihm mit dieser Vorstellung nicht zu viel zumuten? Impulsgeberin Elena Wiezorek bezeichnet den öffentlichen Raum als Rückgrat des öffentlichen Lebens. Aus Sicht der Stadtplanung dient er vor allem als Begegnungsort und Raum für soziales Miteinander. Elena Wiezoreks positiver Sicht vom öffentlichen Raum als einem Ort, wo Menschen aufeinander treffen und in den politischen Diskurs treten können, entgegnet ein Teilnehmer, dass der öffentliche Raum heute eher ein Ort des Protests ist. Das evoziert die Frage, ob es sich tatsächlich um einen Diskurs handelt, der im Öffentlichen stattfindet, oder doch eine Begegnung von verschiedenen Teilöffentlichkeiten.

Verantwortung zwischen öffentlichem und privatem Raum
Öffentlicher Raum kann als Heimat wahrgenommen werden. Dafür ist die Langlebigkeit der Gebäude ein wichtiger Faktor, um im Stadtbild eine gewisse Vertrautheit aufrecht zu erhalten. Impulsgeber Reiner Nagel definiert den Raum im stadtplanerischen Sinne über die Fassade von Gebäuden als Verbindungselement zwischen Öffentlichem und Privatem. Er beschreibt sie als die Innenwände der öffentlichen Räume. Um gute öffentliche Räume zu schaffen, muss in allen Dimensionen das harmonische Zusammenspiel von Formen, Farben wie auch eine hohe Gestaltungsqualität gewährleistet sein. Planerinnen und Planer stehen in der Verantwortung, die Fassaden den aktuellen Nutzungsanforderungen aufgrund des Klimawandels anzupassen. Für Herausforderungen wie die zunehmende Erwärmung der Innenstädte oder Starkregen- und Starksturmereignisse müssen Lösungen gefunden werden. Wer kümmert sich jedoch um die Erhaltung der Fassaden? Laut Reiner Nagel liegt nach Artikel 14 Absatz 2 des Grundgesetzes die Verantwortung beim Eigentümer, denn Eigentum verpflichtet.

Ein weiteres Beispiel: Es fehlt an Grünflächen innerhalb der Städte, deren Erhaltung wiederum einen zusätzlichen Bedarf an Wasser verursacht. Reiner Nagel berichtet von Kommunen, die vorsorglich große Bäume entnehmen, um vor Sturmschäden und Astbruch zu schützen. Städte und Gemeinden stehen insoweit verstärkt in Verantwortung, können aber oftmals die optimale Pflege kommunaler Gebäude und Grünanlagen nicht leisten.

Wie ein Diskutant anmerkt, ist bei der Planung von öffentlichen Grünflächen stärker auf den Erhalt der Artenvielfalt, etwa im Hinblick auf heimische Insekten, zu achten anstatt sich ausschließlich an gärtnerischen Schönheitsidealen zu orientieren. Ein anderer Teilnehmer weist am Beispiel von Berlin darauf hin, dass eine naturnahe Grünpflege finanziell aufwendiger ist als der radikale Rasenschnitt. Wie Impulsgeber Reiner Nagel hinzufügt, steht in Berlin für öffentliches Grün jährlich nur ein Betrag von 0,35 Cent pro Quadratmeter zu Verfügung. Im aktuellen Baukulturbericht der Bundesstiftung Baukultur verdeutlichen die Ergebnisse einer Bevölkerungsumfrage den Wunsch nach mehr öffentlichem Grün: 92% der Befragten wünschen sich gepflegte Gebäude, Straßen und Plätze und bei 84% steht der Wunsch nach Nähe zum Grünen im Vordergrund. Jedoch wurden allgemein die kommunalen Grünpflegeetats so drastisch heruntergeschraubt, dass Reiner Nagel nun dringende Handlungsempfehlungen im nächsten Baukulturbericht für erforderlich hält.

Öffentlichen Raum in seiner Funktion, seinem Nutzen und auch seiner Schönheit zu erhalten, erfordert eine regelmäßige städtebaulich geförderte Aufwertung. Doch oftmals, so ein Diskussionsbeitrag, sprechen sich Kommunen gegen eine Aufwertung von zu entwickelnden Flächen in öffentlicher Hand aus. Nach Wolfgang Sonne liegt das Problem in den dadurch ausgelösten höheren Unterhaltungskosten für Gebäude, die in aufgewerteten Arealen situiert sind. Sobald mit Bezug des Bauwerks die Fördermittel der Städtebauförderung auslaufen, beginnt die Phase der Unterhaltung und des weiteren Managens der Gebäude. Um eine dauerhafte und nachhaltige Unterhaltung von Gebäuden und öffentlichen Räumen sicherzustellen, müssen die Mittel städtebaulicher Förderung langfristiger geleistet werden.

Phase 10: Inbetriebnahme
Reiner Nagel spricht in seinem Impuls von zehn Phasen der Planung. Mit der Vorlaufphase beginnt die Aufstellung eines Projektes. Es folgen zyklisch die Phasen des Entwickelns, Planens, Bauens und Betreibens bis hin zur Übergabe eines Projektes und der neuen Vorlaufphase eines anschließenden Projekts. Der öffentliche Raum ist laut Reiner Nagel vor allem aus der Phase zehn heraus zu betrachten: der Be-

triebsphase. Öffentlicher Raum muss im dauerhaften Betrieb weiter qualifiziert werden, also sind im Sinne eines Quartiersmanagements dort immer wieder Interventionen zu planen.

Zu einem funktionierenden Quartier gehören auch die sozialen Orte des öffentlichen Raums, genauso die Versorgungseinrichtungen oder der Dorfladen. Gerade kleinere Ortschaften, aber auch einzelne Stadtquartiere profitieren von öffentlichen Räumen, die als Treffpunkte des sozialen Miteinanders dienen. Bereits in der ersten Diskussionsrunde wurden die sozialen Aspekte des öffentlichen Raums besprochen. Als „Paradebeispiel" für einen öffentlichen Raum in Phase zehn wird der Georg-Büchner-Platz vor dem Staatstheater in Darmstadt angeführt, ein Ort, der par excellence die Möglichkeit eines unvermittelten Begegnens schafft und durch temporäre Interventionen der Initiativgruppe „das blumen" zum Wohnzimmer des sozialen Miteinanders in Darmstadt mutierte. Doch wer bestimmt eigentlich darüber, wer entscheidet, wie eine Stadt aussehen soll, fragt eine Teilnehmerin. Nach Meinung der Impulsgeberin Elena Wiezorek hat die Tätigkeit einer Planerin immer einen öffentlichen Bezug. Doch aus welchen Gründen investieren private Immobilienbesitzer nicht in ihre Gebäude? Schließlich ist es das städtebauliche Gesamtbild, das sich weiterentwickeln muss. Somit spielt es nach Elena Wiezorek eine enorme Rolle, wie gepflegt das nachbarschaftliche Umfeld ist – und das wiederum hat erhebliche Auswirkungen auf die Bereitschaft, die eigenen Gebäude zu erhalten.

Fassade als Vermittlungsinstanz

Die Frage, in welchem Zustand sich Raum und Gebäude befinden, führt zurück zur Frage nach Eigentum, Privatheit und Öffentlichkeit. Impulsgeber Wolfgang Sonne macht deutlich, dass der öffentliche Raum im Hinblick auf seine Qualität nicht nur als Restfläche einer Stadt zu bezeichnen ist. Vielmehr muss die bauliche Gestaltung des öffentlichen Raums eine Differenzierung zum privaten Raum überhaupt ermöglichen. Städtische private Bebauung zeigt sich meist in Form einer sogenannten Blockrandbebauung, es gibt jedoch viele weitere Variationen. Genau wie Impulsgeber Reiner Nagel schreibt auch Wolfgang Sonne der Fassade eine wichtige Rolle zu, denn auch ein privates Gebäude wendet seine Fassade der Öffentlichkeit zu. Städtebaulich müssen Räume geschaffen werden, die Öffentliches und Privates voneinander abgrenzen – architektonisch hingegen soll die Gestaltung der Fassaden eine Vermittlung zwischen Öffentlichkeit und Privatheit leisten, so Wolfgang Sonne.

Wie findet man die geeigneten Baumaterialien für eine harmonische Gewichtung innerhalb der Planung, um den Ansprüchen von Ästhetik und Funktion gerecht zu werden? Wie Wolfgang Sonne verdeutlicht, ist der architektonische Raum als Ganzes wahrzunehmen. Das heißt, die Wahrnehmung der umgebenden Flächen und Fassaden ist genauso wichtig wie etwa die Gestaltung der Bodenflächen. Bauliche Lösungen können niemals in einer hundertprozentigen Betonwand, aber auch niemals in einer die Fassade komplett bedeckenden Glaswand bestehen. Architekten und Architektinnen sollten ein ästhetisches Interesse daran entwickeln, wie Stadt wahrgenommen wird. Dazu lohnt es sich, einmal die Perspektive eines Touristen, einer Bewohnerin oder eines Immobilienkäufers einzunehmen.

Ästhetik ist für alle gleich

Es gilt jedoch nicht nur, die verschiedenen Perspektiven von Stadtnutzern zu beachten, sondern auch die Wahrnehmungsperspektive künftiger Generationen ist mitzudenken. Wolfgang Sonne bezieht sich auf die normative Auslegung einer „guten Ästhetik", die sich auf den klassischen Begriff von Schönheit stützt. Für Architekten liegt darin der Anspruch begründet, die umliegenden Häuser so zu gestalten, dass ein schöner Raum entsteht. Aus dem Kreis der Teilnehmenden kommt

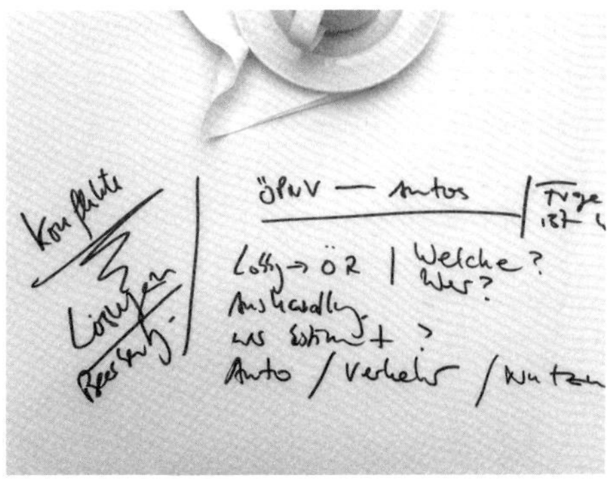

die Frage auf, wie sich Schönheit definiert und ob es im Empfinden von Schönheit einen gemeinsamen Nenner innerhalb der Bevölkerung gibt. Wolfgang Sonne stellt dar, dass der Interpretationsspielraum von gestalterischer Schönheit nicht sehr weit ausgedehnt ist. Auf die Frage nach fünf schönen Städten würden die Antworten erstaunlich homogen ausfallen. Nach der historischen Definition von Schönheit des italienischen Gelehrten und Baumeisters Leon Battista Alberti ist es die „Vielfalt in der Einheit", die eine Stadt als schön kennzeichnet. Wolfgang Sonne weist darauf hin, dass es sich dabei nicht nur um ein ästhetisches Empfinden von der Schönheit der Räume handelt, sondern es zugleich um eine soziale, kulturelle und vielleicht auch individuelle Vielfalt in der Stadteinheit geht. Deutlich macht er das am Beispiel des Convent Garden in London, der aufgrund seiner zahlreichen baulichen Funktionen als ein Ort der Vielfalt eine lebendige Öffentlichkeit ermöglicht. Dieses Beispiel demonstriert, wie die Ästhetik der Fassaden und das gesellschaftliche Leben wunderbar miteinander in Einklang stehen können.

Schönheit entsteht durch die Beziehung zum Objekt

Städte können Geschichten erzählen. Oft sind es die Fassaden, die mit ihren Ornamenten zu einer gedanklichen Reise in die Historie einladen. Ein Teilnehmer fragt nach den vermeintlich zurückgehenden Investitionen für Kunst am Bau. Wolfgang Sonne erklärt, dass Fassaden vor allem langfristig und langlebig gestaltet sein müssen. Stadtarchitektur besteht seiner Meinung nach über viele Jahrzehnte hinweg, das erfordert eine „ruhige" Gestaltung. Veränderungen könnten sich eher an einem neuen Café im Erdgeschoss eines Hauses bemerkbar machen. Moderner Städtebau richtet sich immer noch nach dem erwähnten Prinzip der Vielfalt in der Einheit. Hinzukommende Gebäude müssen sich an dem bestehenden Netz der Infrastruktur und dem Gebäudebestand der Stadt ausrichten und harmonisch einfügen.

Daraufhin entgegnet ein Teilnehmer, dass Einheit für ihn nicht gleich Schönheit bedeutet: Besonders die Nachkriegsbauten werden allgemein als hässlich bezeichnet, abgesehen von speziellen Liebhabern der 50er Jahre-Architektur. Er ist der Ansicht, Schönheit entsteht vor allem durch die Beziehung der Anwohner und Anwohnerinnen zu den Gebäuden. Die Diskussion widmet sich der Frage um die soziale Ästhetik, im Sinne von Vielfalt und der Intensität von Beziehungen, die im öffentlichen Raum stattfinden können. Wie Elena Wiezorek verdeutlicht, gewinnen mit zeitlichem Abstand auch die vermeintlichen Fehler der Architektur der Nachkriegsjahre an Wertschätzung. Dennoch wird viel in den Wiederaufbau und die Rekonstruktion von historischem Gebäudebestand investiert, wie zum Beispiel des Neumarkts in Dresden oder der Frankfurter Altstadt.

Es kommt die Frage auf, wie schnell sich das Empfinden für städtebauliche Schönheit in einer Gesellschaft verändert. Wolfgang Sonne will den Aspekt der städtischen Architektur nicht übermäßig durch den gesellschaftspolitischen Diskurs belasten.

Nach seiner Meinung ist das Schönheitsempfinden sehr stabil. Er bekräftigt, dass eine Stadt vor allem durch das städtische Leben an Schönheit gewinnt – ein entscheidender Faktor, denn vollkommen entleerte Plätze sind auch nicht freiheitsbildend. Es müssen Räume geschaffen werden, die im Öffentlichen auch private Räume zulassen, sie dürfen hingegen nicht privates Verhalten im öffentlichen Raum fördern, denn dann wird die Öffentlichkeit abgeschafft.

Resümee

Prof. Dr. Caroline Y. Robertson-von Trotha ist Mitglied des Kleinen Konvents der Schader-Stiftung. Sie hat das Dialog-Café begleitet und nimmt eine Einschätzung des Gesprächsverlaufs in den drei Sessions vor:

In der ersten Session diskutieren die Teilnehmerinnen und Teilnehmer im Anschluss an das Impulsreferat von Elena Wiezorek über demokratische Aspekte des öffentlichen Raums. Der öffentliche Raum in deutschen Städten erfüllt heute mehr denn je das Freiheitsversprechen der europäischen Stadt: durchgesetzte Demokratie, offene Märkte, Individualisierung und soziale Integration ohne Verneinung von Differenz. Dennoch hat sich die Funktion des öffentlichen Raums im historischen Kontext gewandelt – das Öffentliche hat sich zu einem großen Teil ins Internet verlegt bei gleichzeitiger Zunahme politischer Demonstrationen.

Nach dem Impuls von Reiner Nagel, der die Praxis der Beplanung des öffentlichen Raums in den Mittelpunkt stellt, dreht sich die Diskussion der zweiten Session zunehmend um Interessenskonflikte zwischen öffentlichem Auftrag und (privat-)wirtschaftlich orientiertem Handeln. Es erscheint wichtig, Planung transparenter, prozessualer, öffentlicher, demokratischer, politischer und damit konsensfähiger zu machen. Das Nutzungsverhalten muss konsequent kommuniziert und ausgehandelt werden. Eine Art Knigge für die Zuständigkeiten und den Umgang im öffentlichen Raum wäre eine Möglichkeit zur Schlichtung vieler Nutzungskonflikte.

Das Thema „Schönheit“ in der abschließenden Session löst einen dynamischen Austausch zwischen den Teilnehmenden aus. Impulsgeber Wolfgang Sonne will dem Aspekt der städtischen Architektur nicht zu viel gesellschaftspolitischen Diskurs einverleiben. Er ist der Meinung, dass das Schönheitsempfinden sehr stabil ist und bekräftigt die Anmerkungen, dass eine Stadt vor allem durch das Stadtleben an Schönheit gewinnt. Der öffentliche Raum ist in seiner Gestaltung nicht nur als Restfläche einer Stadt zu sehen, vielmehr sollte der öffentliche Raum baulich so gestaltet sein, dass eine Ausdifferenzierung von Stadtkultur und Gemeinwohlentwicklung überhaupt ermöglicht wird – Stichwort Vielfalt in der Einheit.

Dialog-Café 4: Ambivalenzen

Impulsgeber:
Prof. Dr. Richard Sturn, Karl-Franzens-Universität Graz
Prof. Dr. Otfried Jarren, Universität Zürich
Alexander Krahmer, Helmholtz-Zentrum für Umweltforschung – UFZ Leipzig und Zentrum für urbane Unsicherheit

Begleitung: Prof. Dr. Gisela Kubon-Gilke, Evangelische Hochschule Darmstadt
Moderation: Dr. Tobias Robischon, Schader-Stiftung
Bericht und Protokoll: Jens Hübertz und Dr. Tobias Robischon, Schader-Stiftung

Das Öffentliche ist ein Ort voller Ambivalenzen. Öffentliche Räume – oder sagt man besser: Räume des Öffentlichen? – sind physischer wie kommunikativer Natur. Sie gelten als dem öffentlichen Wohl besonders dienliche, allgemein zugängliche Güter. Doch der öffentliche Raum ist weder mit dem „Öffentlichen" an sich noch mit einem öffentlichen Gut identisch. Öffentliches Eigentum sichert das Öffentliche nicht, Privateigentum verhindert es nicht. Ein Raum des Öffentlichen dient nicht zwingend auch dem öffentlichen Wohl. Und dennoch gelten Räume des Öffentlichen als Grundlage demokratischer Öffentlichkeit wie Basis gesellschaftlicher Integration.

Vom Wesen des Öffentlichen

Das Öffentliche ist ein instabiles, voraussetzungsreiches und von Ungleichzeitigkeiten geprägtes Konstrukt, das als Phänomen der Moderne nur in der Dichotomie von Privatheit und Öffentlichkeit zu verstehen ist. So skizziert Richard Sturn, Professor für Finanzwissenschaft und Öffentliche Wirtschaft an der Universität Graz, das Wesen des Öffentlichen. Die Prinzipien des Allgemeinen und Gleichen sind historisch der Gegenentwurf zu einer Gesellschaftsordnung als Aggregat privater Privilegien. Das Ancien Régime der Vormoderne kannte zwar halböffentliche Zustände privaten Eigentums mit komplexen Nutzungsrechten, doch die klare Trennung zwischen öffentlich und privat ist eine Errungenschaft der Moderne. Als explizit nicht-privates Konstrukt benötigt das Öffentliche der Moderne Regeln, Rechenschaft und Verantwortungsmechanismen, die politisch-diskursiv in einem pluralistischen Wertekosmos entwickelt werden. Nur so kann das Öffentliche Demokratie ermöglichen und den Grundsätzen des Allgemeinen und Gleichen genügen.

Private Aktivitäten sind nicht der Herstellung von Pluralismus oder anderen demokratischen Werten verpflichtet und können einem klar definierten Ziel dienen. Die Mechanismen der Rechenschaftslegung und der Steuerung privaten Handelns sind

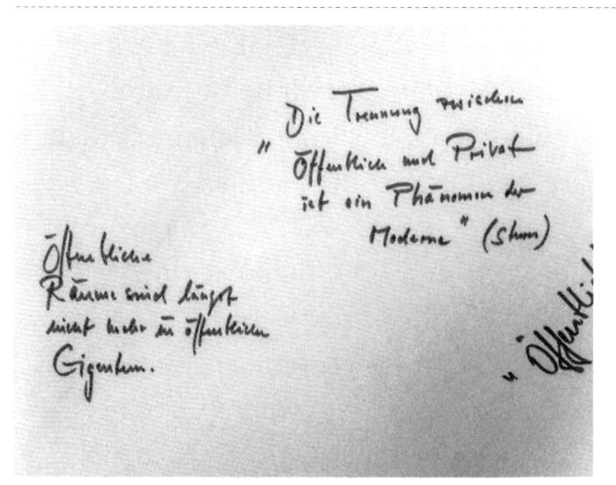

daher weniger voraussetzungsreich und beladen als die des öffentlichen. Diese vermeintliche Einfachheit der „Accountability" nach privatem Vorbild führt nun nach Sturn dazu, dass Logiken des Privaten in den öffentlichen Bereich übernommen werden und eine zunehmende Vermischung von Privatheit und Öffentlichkeit stattfindet. Durch die scheinbar einfacheren Mechanismen dringen ökonomische Modi des privaten Raums in den diskursiv zu bestimmenden öffentlichen Verantwortungsraum. Damit wird jedoch das Wesen des öffentlichen Raumes beschädigt. Öffentlicher Raum, so Sturn, muss pluralistisch und diskursiv hergestellt werden und nicht durch private Setzung.

Sicherheit und soziale Ordnung wurden in früheren Gesellschaften mithilfe individueller und gruppenbezogener Privilegien organisiert. Öffentlichkeit in ihrer demokratischen Verfasstheit hingegen ist eine Ordnung, die sich gegen Privilegien richtet und den gleichen Zugang für alle postuliert. Als besonders problematisch empfindet der Impulsgeber die privatwirtschaftliche Setzung von internationalen Regeln und Standards in öffentlichen Kommunikationsräumen. So werden Qualitätsmaßstäbe in der Wissenschaft zunehmend von großen Verlagen gesetzt, die sich bei Unstimmigkeiten unter Ausschluss der Öffentlichkeit untereinander verständigen. Eine ähnliche Problematik, die darüber hinaus starke Pfadabhängigkeiten verursacht, kann bei der Setzung technischer Standards durch große Technologiefirmen beobachtet werden.

Öffentlichkeit und Privatheit – Trennung und Mischung

In der Diskussion wird die „Allmende" als Mischform zwischen Öffentlichem und Privatem mehrfach angesprochen. Dabei handelt es sich, so ein Einwurf, genau genommen um eine besondere Form des Kollektiveigentums, das von einer sozialen Gruppe überschaubarer Größe bewirtschaftet wird. Die sozialen Regeln der Gruppe verhindern die Übernutzung des gemeinsamen Guts. Der Impulsgeber gibt zu bedenken, dass er die fortschreitende Schließung früher „halb-öffentlicher" Räume zwar problematisch findet, aber die Allmende als Zwischenform nicht die gleichen innovativen und gesellschaftlich verwertbaren Leistungen erbringt wie die konsequente Trennung von Öffentlichkeit und Privatheit. Private und hier vor allem ökonomische Handlungslogiken sollten vor einem zu starken Eingriff öffentlicher Interessen ebenso geschützt werden wie das Öffentliche vor privaten Handlungslogiken. Dabei verweist er mit Bezug auf Schumpeter vor allem auf die innovative Kraft privatwirtschaftlicher Organisationen. Hier zeigt sich, so ein Hinweis aus der Runde, eine zentrale Ambivalenz des demokratischen Kapitalismus: Die Demokratie muss sich Ausbreitungstendenzen der marktwirtschaftlichen Logik entgegenstellen, ohne die marktwirtschaftliche Dynamik selbst zu stark auszubremsen. Wenn private Unternehmen nicht allzu sehr mit öffentlichen Auflagen belastet werden sollen, müssen diese Unternehmen dennoch die öffentliche Hand ausreichend mit Steuermitteln ausstatten, um diese handlungsfähig zu halten, fügt eine Teilnehmerin an.

Zusätzlich wird in der Diskussion deutlich, dass weder im kommunikativen noch im physischen Sinne eine klare Trennung von Öffentlichkeit und Privatheit gezogen werden kann. Die öffentliche und politische Kommunikation ist schon lange geprägt von privatwirtschaftlich organisierten Medien und Sendeanstalten, und deren Unabhängigkeit und Staatsferne gilt als Grundelement demokratischer Öffentlichkeit. Auch die Stadtmärkte, als klassisches Beispiel eines öffentlichen Raumes, wurden meist auf Bestreben lokaler Unternehmer etabliert und waren damit von Beginn an von wirtschaftlichen Interessen geprägt. Es ist somit Vorsicht geboten, die Aktivitäten von Unternehmen im Kontext von Öffentlichkeit als grundsätzlich problematisch zu betrachten, wird gewarnt. Dem wird zwar prinzipiell zugestimmt, doch auf unterschiedliche Qualitäten des Eingriffs Privater in die Öffentlichkeit verwiesen. Es ist ein Unterschied, ergänzt ein Teilnehmer, ob wohlhabende Kaufleute in Bremen kollektiv den Markt in ihrer Stadt gestalten und somit den öffentlichen Raum prägen oder ob dem Staatsfond von Katar ein Stück Mailand gehört. Als in diesem Sinne problematisch gelten auch Smart Cities. Städte, die wie Toronto Smart City-Stadtteile bauen wollen, begeben sich nicht nur in eine Abhängigkeit von großen Technologiekonzernen, sie übereignen eventuell auch die Kontrolle über die Sicherheit und Nutzung der Daten ihrer Bürgerinnen und Bürger. Flächendeckend mit Sensoren ausgestattete Smart Cities stellen sowohl in Frage, was als noch privat verstanden wird als auch die kollektive Aushandelbarkeit des öffentlichen Raumes.

Regeln und Rechenschaft in digitalen Öffentlichkeiten

Besonders schwer ist die Grenze zwischen privat und öffentlich im digitalen Bereich zu ziehen. Einerseits sind mit Internetpublikationen und Social Media unzweifelhaft neue Öffentlichkeiten entstanden. Andererseits werden die Regeln, denen diese Öffentlichkeiten unterliegen, weitestgehend von den privaten Betreibern gesetzt. Technische Gestaltung, *code is law*, und Geschäftsbedingungen definieren, was in dem scheinbar öffentlichen Privatraum geschehen darf. Eine – demokratische – Mitwirkung der „Netzbürger" am Regelwerk ist nicht gegeben, die private und öffentliche Kommunikation in diesen Räumen mutiert in der Hand der Unternehmen zu einer Ware in Form von personenbezogenen Daten. Gefordert wird aus der Runde eine neue Machtbalance zwischen Nutzerinnen und Nutzern, Internetkonzernen und dem Staat.

Öffentlichkeit als Artikulationsraum

Der Medienforscher Otfried Jarren, Professor mit besonderen Aufgaben der Universität Zürich, begreift Öffentlichkeit dagegen in erster Linie politisch, als Ort der Artikulation. Das Öffentliche ist für ihn der Raum, in dem Bedürfnisse und Meinungen geäußert werden, die durch Filterung und Aggregation zu greifbaren Handlungsempfehlungen und Politiken gebündelt werden müssen. Dieser Artikulationsraum hat sich vor allem durch neue Medien und Technologien in den letzten Jahren fundamental verändert. Die heutige Gesellschaft kämpft mit einem Problem der Überkommunikation: Kommunikationstypen, die vorher nur eingeschränkt beobachtbar waren, wie private Gespräche am Stammtisch oder gruppenbezogene Kommunikation in Verein und Nachbarschaft, sind nun über soziale Netzwerke zumindest potenziell öffentlich sichtbar. Insofern hat die Menge der öffentlichen Artikulation gesamtgesellschaftlich stark zugenommen, was zunächst ein Gewinn für die Demokratie ist. Die Diskursräume insgesamt sind sehr viel größer und pluralistischer geworden. Durch die Zunahme öffentlich sichtbarer Kommunikation entsteht jedoch ein Beobachtungsproblem. Presse, Parteien und andere politische Akteure können die Zunahme an Kommunikation nicht ausreichend verarbeiten, es wird schwieriger, Relevantes zu erkennen und zu bündeln. Die unzureichende Fähigkeit der politischen Akteure, die großen Mengen an öffentlichen Artikulationen aufzunehmen, führt zu Frustrationen der Bürgerinnen und Bürger. Die Aggregation von

Kommunikation in politische Umsetzungsmöglichkeiten durch Parteien, Verbände und Gewerkschaften, aber auch durch große Medien bleibt hinter ihren Erwartungen zurück. Hinzu tritt der Umstand, dass den Akteuren eine Aggregation auch deswegen schwerer fällt, da gesamtgesellschaftlich die Bindungen an Großorganisationen abgenommen haben. Die neue Sichtbarkeit individueller Meinungen verstärkt bereits vorhandene Pluralität und deren weitere Ausdifferenzierung. Dies ist demokratiepolitisch nicht prinzipiell negativ. Momentan fehlen aber Möglichkeiten, diese neue Vielfalt zu kanalisieren und kompromiss- und konsensfähig zu machen.

In der Diskussionsrunde wird schnell die Frage aufgeworfen, ob nicht neben dem hohen Maß an Artikulation die bewusst falschen und irreführenden Äußerungen im Sinne von Fake News und Propaganda das zentrale Problem der aktuellen Kommunikationskultur darstellen. Vielfach besteht kein Interesse an einer demokratischen Öffentlichkeit im Sinne von Orten des Diskurses und Kompromisses. Eine auf Kampf und Polarisierung setzende Politik kann das Öffentliche im demokratischen Sinne nicht schützen, so ein Teilnehmer. Machtpolitik braucht keine rationale Debatte und braucht keinen Ausgleich. In dieser Auffassung von Politik werden gesellschaftliche Probleme durch Autorität und Mobilisierung der eigenen Machtressourcen gelöst und nicht durch Kompromiss. Propagandamittel wie Lügen und Fake News, die die Grundlagen eines sachbezogenen Diskurses schwächen, sind für diese Spielart der politischen Auseinandersetzung kein Problem.

Diese Entwicklung steht auch im Zusammenhang mit dem Bedeutungsverlust großer „Bildungs-Gatekeeper“ und Filter-Institutionen, wie Medienhäusern, so eine These in der Diskussion. Journalismus konnte bislang immer auch eine Auswahlfunktion ausüben, die positiv zur notwendigen Aggregation von Meinungen beigetragen hat. Dagegen ist es heute problematisch, dass sich ungefilterte, abseitige und irritierende Meinungen über Blogs und soziale Medien ein großes Publikum verschaffen können. Dem wird widersprochen: Die neuen Medien eröffnen ein vorher unerreichtes Niveau an Teilhabemöglichkeiten, sowohl am Diskurs als auch an öffentlich zugänglichem Wissen. Noch nie war es so einfach, sich verschiedene Standpunkte zu einer Thematik zu veranschaulichen. Das Problem, wird gefolgert, sind nicht „ungebildete“ Einzelpersonen, die ihre Meinung kundtun, sondern ressourcenstarke Gruppen, die mittels der neuen Medien verdeckt und gezielt manipulative oder falsche Informationen verbreiten. Kritisiert wird auch der Begriff der Überkommunikation, da er ein vermeintlich „richtiges“ Maß an Kommunikation in einer Gesellschaft impliziert.

Auch in der Vergangenheit konnte nie von einer einzigen Öffentlichkeit gesprochen werden. Die neuen Medien haben sowohl gesellschaftlich schon immer vorhandene Öffentlichkeiten sichtbar gemacht als auch die Entstehung neuer Öffentlichkeiten beschleunigt. Das hierin liegende und früher oft beschworene demokratisierende Potenzial digitaler Technologien kann sich allerdings nur verwirklichen, wenn es den bestehenden und neuen Institutionen gelingt, zivilisierte Kommunikationsformen innerhalb und zwischen diesen Öffentlichkeiten herzustellen.

Lösungsansätze

Ein momentan in der Schweiz diskutierter Lösungsansatz besteht in der Zertifizierung journalistischer Tätigkeit durch unabhängige, private Stellen. Um eine gewisse Übersichtlichkeit in der Medienlandschaft zu ermöglichen, könnten – ähnlich wie in anderen Branchen – Qualitäts- und Gütesiegel eingeführt werden. Gegenstand der Prüfung wäre nicht der Inhalt der Medien, sondern eine gewissenhafte journalistische Arbeitsweise nach den Grundsätzen des jeweiligen Zertifikats. Dies kann den Leserinnen und Lesern die Bewertung von Meldungen erleichtern, da sie so nicht wiederholt selbst die Güte medialer Quellen beurteilen müssen.

„Öffentlichkeit hat mit Anti-Privilegientum
(Sturn)
Eine Politik, die zu sehr auf polarisierenden Kampf ausgerichtet ist, kann das Öffentliche nicht gut genug schützen. (Sturn)
– oder eher viel mehr geordneter Streit, damit das Politische erkennbar wird?!

Bildungsanforderungen
Einigkeit besteht in der Einschätzung, dass die Anforderungen an die Individuen immer höher werden. Demokratie war stets auf die Mündigkeit ihrer Bürgerinnen und Bürger angewiesen, je komplexer und pluralistischer die Gesellschaft wird, umso mehr müssen kognitive, praktische, aber auch psychische Kompetenzen jedes und jeder Einzelnen gestärkt werden. Auf der anderen Seite sind aber auch die Angebote eines partizipativen und vielschichtigen Journalismus unverzichtbar, die es den Individuen ermöglichen, ihre Kompetenzen einzusetzen.

Neue Medien verschaffen die Möglichkeit, direkt auf Originalquellen und Fakten zu verweisen, anstatt sich „nur" auf Experten zu berufen. Ein zeitgemäßer Journalismus kann, berichtet ein Teilnehmer, den interessierten Bürgerinnen und Bürgern verschiedene zusätzliche Ebenen der Information und Recherche bieten. Hier stellt sich dann auch die Frage, inwiefern noch „Bildungsgatekeeper" gebraucht werden oder ob diese nicht zu Recht als bevormundend wahrgenommen werden. Mittlerweile hat mehr als die Hälfte der jungen Bevölkerung Abitur oder Fachabitur, kann also als grundsätzlich befähigt gelten, komplexe Inhalte zu erfassen und zu hinterfragen. Ein Journalismus, der sich allein auf seine hergebrachte Autorität verlässt, wird vor diesem Hintergrund nicht mehr als vertrauenserweckend wahrgenommen.

Öffentlicher Rundfunk
Es herrscht Konsens, dass öffentliche Sendeanstalten einen wichtigen Beitrag zur Herstellung einer politischen Öffentlichkeit leisten. Dies tun sie bereits aufgrund ihrer Reichweite und ihres Geltungsanspruchs, aber auch in Form der Regionalprogramme und Landessender. Sie richten sich an kollektive, örtliche Akteure. Der räumliche Bezug unterscheidet sie von sozialen Medien, die das Individuelle und Soziale über regionale Grenzen hinweg ansprechen. Es ist diese Eigenschaft sozialer Medien, die globale soziale Bewegungen ermöglicht, wie beispielsweise #metoo oder Fridays for Future.

Das kann positiv als Katalysator einer globalen Öffentlichkeit gesehen werden. Aber es dient nicht der kollektiven Problemwahrnehmung vor Ort und damit den regionalen oder nationalen demokratischen Prozessen. Diese benötigen lokale Akteure, wie öffentliche Medien mit starker Bindungskraft.

Öffentliche Räume zwischen Sehnsuchtsort und Angstraum
Der Leipziger Stadtforscher Alexander Krahmer, Wissenschaftlicher Mitarbeiter im Projekt „MigraChance" am Helmholtz-Zentrum für Umweltforschung und Mitinitiator des Zentrums für urbane Unsicherheit, konzentriert sich in seinem Impuls auf den physischen öffentlichen Raum der modernen Stadt. Dieser steht in einem Spannungsfeld zwischen einem utopischen Bild als pluralistischer Sehnsuchtsort

der Demokratie einerseits und dystopischen Beschreibungen als anonymer Angstraum andererseits – eine Ambivalenz in einer Öffentlichkeit aus kollektiv genutzten Räumen, deren Individuen jedoch divergente Interessen und Nutzungsbedürfnisse haben. Öffentlicher Raum ist deshalb immer auch ein Raum der Zumutungen und ein Raum, der Toleranz einfordert. Gleichzeitig ist es ein Raum der Konventionen – jedes Verhalten ist beobachtbar und sanktionierbar. Stets gibt es Kriterien des Zulässigen, und so sind auch in einer pluralistischen Gesellschaft öffentliche Räume Orte des Ausschlusses.

Positive Utopien des Öffentlichen beschreiben einen für alle zugänglichen, sicheren Raum, der eine Trainingsstätte für Toleranz, zivilisierten Diskurs und vernunftbetontes Denken darstellt. Die Dichotomie von Privatheit und Öffentlichkeit wird im öffentlichen Raum dank dessen Variabilität und Vitalität harmonisch verbunden. Eine solche, durch die Nutzerinnen und Nutzer selbstregulierte Öffentlichkeit ist ein Ort der Integration der Individuen in die Gesellschaft. Der dystopischen Perspektive erscheint die notwendige Toleranz in der Öffentlichkeit als brutale Gleichgültigkeit und Aversion, die bei allzu großer Nähe in Hass umschlagen kann. Die anderen Menschen werden aufgrund immer wiederkehrender Zumutungen „unsichtbar gemacht" oder bewusst exkludiert. Die Ausbreitung unzivilisierten Verhaltens in der Öffentlichkeit führt zu zunehmender Unsicherheit. Öffentliche Räume gelten in der Folge als Orte sozialer Desintegration, was ihrer Privatisierung und Schließung Vorschub leistet.

Ambiguität und Sicherheit

Vor diesem Hintergrund stellt der Impulsgeber die Frage, wie die Integrationskraft städtischer Öffentlichkeit aufrechterhalten und erhöht werden kann. Nicht jedem Wunsch nach Störungsfreiheit darf sofort nachgegeben werden. Eine unverzichtbare Eigenschaft von Individuen und Gruppen ist Ambiguitätstoleranz. Pluralität sollte nicht gegen Sicherheit abgewogen werden. Notwendige Sicherheitsvorkehrungen sollten nicht diskriminierend sein, privates wie öffentliches Sicherheitspersonal hierin geschult werden. In die Aushandlung und Gestaltung der Öffentlichkeit sind möglichst viele Gruppen einzubeziehen. Wenn über Zumutungen und Grenzen im öffentlichen Raum verhandelt wird, darf dies nicht ohne die betroffenen Gruppen und Individuen geschehen.

In der Diskussion wird zwischen subjektiver und objektiver Sicherheit unterschieden. Alle Teilnehmenden sind sich einig, dass ein Mindestmaß an objektiver Sicherheit gegeben sein muss, um Orte der Begegnung überhaupt zu ermöglichen. Denn auch wenn Öffentlichkeiten zwangsläufig Räume der Zumutung sind, führen übermäßige Zumutungen zu einem Rückzug aus dem öffentlichen Raum. Wie kann das Sicherheitsgefühl im öffentlichen Raum also erhöht werden?

Das Sicherheitsempfinden im öffentlichen Raum hängt empirisch nur gering mit tatsächlichen Gefährdungslagen zusammen, geben mehrere Teilnehmende zu bedenken. Die meiste Angst haben Menschen einer Studie zufolge an Orten, an denen sie sich selten aufhalten oder noch nie aufgehalten haben. Unabhängig von der tatsächlichen Sicherheitssituation senken hingegen persönliche Bezüge zu einem Stadtteil, wie zum Beispiel die Nähe zur Wohnung eines Bekannten, Angstgefühle. Da jede Person andere Wege geht, andere Menschen sieht und anders wahrnimmt, können Angsträume nicht anhand objektiver, allgemeiner Kriterien definiert werden. Deswegen ist es wichtig, möglichst diverse Gruppen und Milieus in Planung und Gestaltung mit einzubeziehen, wenn das Sicherheitsempfinden erhöht werden soll.

Die Beobachtung, dass mit örtlicher Vertrautheit ein Gefühl subjektiver Sicherheit einhergeht, wird im Gespräch um die These erweitert, dass soziale Durchmischung subjektive Unsicherheitsgefühle abschwächt und den integrativen Charakter der Stadt stärkt. Unterschiedliche Mietpreisniveaus und Gewerbeformen in einer Nachbarschaft fördern Begegnungen und damit öffentliches Leben. Gentrifikation und soziale Segregation, so die These, untergraben die Integrationskraft von Städten und sind möglichst zu vermeiden.

Öffentliche Ordnung

Der Impulsgeber hat hierzu einen klaren Standpunkt: Die Integrationskraft öffentlicher Räume muss erhöht werden, Pluralität und Offenheit können nicht gegen Sicherheit abgewogen werden. Der Fokus auf Sicherheit untergräbt die Pluralität und behindert die Erfahrung gelebter Toleranz, was letztlich zu mehr subjektiver Unsicherheit führt und nicht zu deren Abbau. Die Menschen in der Stadt benötigen nicht nur eine hohe Ambiguitätstoleranz, sondern sollten auch über eine gewisse Resilienz verfügen. Resilienz ist nötig, da das persönliche Erleben tatsächlich krisenhafter oder bedrohlicher Situationen in der Öffentlichkeit nicht dazu führen darf, den öffentlichen Raum als solchen in Frage zu stellen oder ihn einschränken zu wollen.

Dieser Aufforderung, Zumutungen geduldig zu ertragen, wird widersprochen. Verhalten im öffentlichen Raum solle nicht beliebig toleriert werden, sofern nur die persönliche Sicherheit nicht gefährdet ist. Wenn gewisse Grenzen des Zulässigen überschritten werden, etwa bei offenem Drogenhandel, muss es nach dieser Ansicht ordnende Eingriffe geben. Die Diskussion greift auf den Begriff der öffentlichen Ordnung zurück, um ein als zulässig und noch akzeptabel empfundenes Verhaltensspektrum im öffentlichen Raum zu umschreiben.

Der Begriff „öffentliche Ordnung" entstammt dem Polizei- und Ordnungsrecht, wo er definiert wird als die Gesamtheit der ungeschriebenen Ordnungsvorstellungen, deren Befolgung nach der herrschenden sozialen und ethischen Anschauung als unerlässliche Voraussetzung eines geordneten menschlichen Zusammenlebens anzusehen ist. Schon juristisch gestaltet sich diese Unbestimmtheit des Begriffs als problematisch, kritisiert ein Teilnehmer, politisch wirkt das Konzept als Machtinstrument von Mehrheiten gegen Minderheiten. Daher ist der Begriff der öffentlichen Ordnung in der lokalen Praxis untauglich und kein Ansatz dazu, Konflikte zu lösen.

Resümee

Prof. Dr. Gisela Kubon-Gilke, Mitglied des Kleinen Konvents der Schader-Stiftung, hat das Dialog-Café begleitet:

Das Wesen des Öffentlichen in einer Demokratie besteht nach Richard Sturn in privilegienfreier, diskursiver Aushandlung bei der Lösung gemeinschaftlicher Aufgaben, die nicht allein privaten Entscheidungen und der Marktkoordination überlassen werden können. Dieses diskursive Aushandeln ist allerdings komplex und nicht trivial organisierbar, so dass die Tendenz besteht, Regeln aus der Markt- und Privatheitssphäre auf die Öffentlichkeit zu übertragen. Das jedoch kann den pluralistischen und diskursiven Charakter des Öffentlichen konterkarieren. Das Öffentliche benötigt wie auch die Koordination des Privaten Regeln, aber diese Regeln haben einen anderen Charakter und es ist deshalb höchst problematisch, wenn Privatunternehmungen die Regeln des Öffentlichen bestimmen. Die Unterscheidung privat vs. öffentlich hat in dieser Lesart eher einen dialektischen als einen ambivalenten Charakter. Ebenso verhält es sich damit, dass einerseits die Märkte Innovationspotenzial besitzen, aber andererseits verhindert werden muss, dass das Öffentliche immer stärker in den Privatbereich gezogen wird.

Otfried Jarren fokussiert dies etwas anders. Für ihn ist die Öffentlichkeit Artikulationsraum für Bedürfnisse und Anliegen, die früher durch die Presse, Parteien und andere Akteure gefiltert, aggregiert und in den politischen Prozess eingespeist wurden. Im Prinzip könnten die neuen Medien durch Informations- und Kommunikationsmöglichkeiten zu stärkerer Beteiligung aller an den Austauschprozessen beitragen, aber das gelingt nur mit Regeln und auch gewissen Beschränkungen in der Kommunikation, die zivilisierten Austausch von Argumenten ermöglichen und gleichzeitig verhindern, dass ausschließlich geschlossene Einheiten von Teilöffentlichkeiten entstehen, die gegenseitig sprachlos werden. Jarren verweist auf eine Möglichkeit, über Zertifizierung und Akkreditierung von Journalisten und Journalistinnen, Verlagen, anderen Unternehmungen und Organisationen das Glaubhaftigkeitsproblem der digitalen Medien zu lösen. Dann aber hat man genau den von Sturn kritisierten Fall, dass private Institutionen den öffentlichen Raum usurpieren. Das macht zumindest angepasste Akkreditierungsregeln nötig.

Alexander Krahmer wendet sich wiederum speziell konkreten urbanen Räumen zu, also Straßen, Plätzen, Parks etc., in denen es Nutzungsrivalitäten geben kann und auch das Private immer größere Teile übernimmt. Seine Vision ist es, öffentliche Räume als Übungsobjekte für Toleranz und Integration nutzen zu können. Das geht in gewisser Weise konform mit Jutta Allmendingers Forderung, zur Überwindung von gesellschaftlichen „Vertrauensrissen" Begegnungsräume zu revitalisieren. Diese seien durch Segregation, fast geschlossene Diskussionszirkel in den digitalen Medien und den Niedergang traditioneller Parteien so gut wie verschwunden. Sie setzt auf staatliche und zum Beispiel kirchliche Institutionen, die solche Begegnungsräume für alle Gesellschaftsgruppen neu konstituieren müssten, um dem Öffentlichen damit wieder stärkere Gestaltungskraft zu geben.

Ambivalenz in der Sache oder Vermischung von Bedeutungssphären? Zum Schluss noch eine kurze Anmerkung zur Ambivalenz. Diese zeigt sich einerseits an Dichotomien und dialektischen Verhältnissen insbesondere des Öffentlichen zur privaten Sphäre. Es gibt daneben jedoch zusätzlich eine Begriffsambivalenz. Mit dem Öffentlichen wurden im Dialog-Café konkrete Straßen und Plätze identifiziert, es wurden Öffentlichkeiten in digitalen Medien angesprochen sowie abstrakte oder konkrete Austauscharenen mit demokratischem, partizipativem und diskursivem Aushandeln zur Lösung gesellschaftlicher Probleme, aber auch zur Artikulation von Wünschen und Bedürfnissen. Es gibt sicherlich viele Gemeinsamkeiten all dieser Aspekte, aber es ist Vorsicht angeraten, Thesen zu verwenden, die für einen Teilbereich zutreffen mögen, aber dann sogleich auf andere Bereiche übertragen werden.

Der Gestalttheoretiker Karl Duncker hat bereits 1940 das Uneindeutigkeitsproblem sehr prägnant aufgezeigt, das darin besteht, dass bei uneindeutigen Begriffen eine These immer wahr sein kann, was wenig Erkenntnisgewinn mit sich bringt: „Diese ‚Vermischung verschiedener Bedeutungssphären' erweist sich als besonders ertragreich dort, wo einer sehr speziellen, folgenschweren und radikalen Bedeutung eine sehr banale Bedeutung beigesellt ist. In jedem Fall, wo die radikale Bedeutung in Gefahr steht, als unzutreffend nachgewiesen zu werden, zieht sich die These – eben auf dem Schleichweg über die gemeinsame Benennung – auf das Gelände der banalen Bedeutung zurück und verschanzt sich hier hinter einer belanglosen ‚Richtigkeit'. Ist die Gefahr vorüber, so besetzt sie ebenso rasch und heimlich wieder ihre radikale Position und erweckt den Anschein, als habe sie immer hier gestanden. Mit anderen Worten, sie überträgt mit Hilfe der gemeinsamen Bezeichnung die weniger verbreiteten Eigenschaften der radikalen Bedeutung auf das weite Gebiet der banalen Bedeutung. So ist sie nicht nur ‚unangreifbar', sondern vermag sich überdies noch ‚umwälzend' zu gebärden." (Duncker 2018/1940: 119 – 120). Eine so strenge Beurteilung verdient das Dialog-Café „Ambivalenzen" sicherlich nicht, weil die Impulsgeber jeweils sehr präzise verdeutlicht haben, was sie jeweils unter Öffentlichkeit verstehen. Dennoch ist Vorsicht bei der weiteren Diskussion angesagt, wenn spezielle Erkenntnisse auf weitere Aspekte und Definitionen der Öffentlichkeit übertragen werden.

Literatur:

Duncker, K. (2018/1940): Zur Kritik der materialistischen Geschichtsauffassung, in: Duncker, K. (2018): Erscheinungsbild und Erkenntnis des Menschlichen. Beiträge zur Gestalttheorie der Motivation. Aufsätze 1927 – 1940. Herausgegeben und kommentiert von Helmut Boege und Hans-Jürgen P. Walter, Remscheid: Rediroma, S. 119 – 142.

Dialog-Café 5: Nachhaltige Entwicklung

Impulsgeberinnen und Impulsgeber:
Britta Rösener, Rheinisch-Westfälische Technische Hochschule Aachen (RWTH)
Dr. Jonathan Kropf, Universität Kassel
Dr. Christine Heybl, Autorin, Potsdam

Begleitung: Prof. Dr. Gabriele Abels, Eberhard Karls Universität Tübingen
Moderation: Karen Lehmann, Schader-Stiftung
Protokoll und Bericht: Johanna Lanio und Karen Lehmann, Schader-Stiftung

Wie kann öffentlicher Raum genutzt werden, um Diskussionen bezüglich einer Transformation hin zu einer nachhaltigen Wirtschafts- und Lebensweise anzufachen? Wie wird unser Verhalten virtuell beeinflusst und kann dies wirklich zu einer spürbaren Veränderung im Handeln führen? Auf welche Weise ist dabei die globale Perspektive in die Nachhaltigkeitsdebatte einzubeziehen?

Die Stadt als Gestaltungsraum

Britta Rösener, Wissenschaftliche Mitarbeiterin am Lehrstuhl Planungstheorie und Stadtentwicklung der RWTH Aachen, eröffnet ihren Impuls mit der Frage, wie die Zusammenarbeit von unterschiedlichen Akteuren im Klimaschutz in Bezug auf eine nachhaltigere Stadt verbessert werden kann. Sie konzentriert sich bei der Beantwortung dieser Frage auf Nutzungskonflikte in begrenzten Räumen, wie sie häufig in der Stadt zu finden sind.

Wie eine Verständigung gelingen kann, berichtet sie anhand des Projekts „KlimaNetze" der Rheinisch-Westfälischen Technischen Hochschule Aachen, des Instituts für Landes- und Stadtentwicklungsforschung (ILS) und der Stadt Bielefeld: Die Wilhelmstraße in Bielefeld, die in vielen Städten Deutschlands ihr Äquivalent findet, ist zentral gelegen, geprägt durch Einzelhandel, Autos dominieren den öffentlichen Raum. Die Aufenthaltsqualität ist gering, das Straßenbild lädt nicht zum Verweilen ein. Im Projekt diente die Wilhelmstraße als Reallabor zum Thema „Verkehrsräume umverteilen", um exemplarisch zu zeigen, wie Verkehrsflächen anders genutzt und öffentliche Räume nachhaltiger gestaltet werden können.

Vertreter und Vertreterinnen der Verwaltung, der Energieagentur Nordrhein-Westfalen, der Wirtschaft und der Zivilgesellschaft arbeiteten im Reallabor intensiv zusammen. Ziel war es, das Zusammenwirken von Akteuren im und für den Klimaschutz konkret zu verbessern und einen Modus der Verständigung zu etablieren, der es ermöglicht, in einem respektvollen Miteinander aller Betroffenen Bedarfe zu identifizieren und Umsetzungsmöglichkeiten zu diskutieren. Im Zentrum stand die Frage: Wie entstehen soziale Innovationen?

Um Konflikte im Zuge der Umgestaltung zu vermeiden, setzte das Projekt auf einen zweigleisigen Ansatz: Einerseits wurden über eine Befragung von Anwohnern und Besucherinnen Bedarfe und Nutzungswünsche eruiert und somit in den breit angelegten Verständigungsprozess einbezogen. Andererseits verdeutlichte ein Aktionstag – ein gut besuchtes und gut angenommenes Straßenfest – welche Aufenthaltsqualitäten die Wilhelmstraße durch eine veränderte Gewichtung der Nutzungsansprüche an den Raum entfalten kann. Die Straße war zu diesem Zweck für den Autoverkehr gesperrt und wurde mit zahlreichen Aktionen, auch unter Mitwirkung der ansässigen Einzelhändler, bespielt.

Nach dem Aktionstag entwickelten Studierende der RWTH Aachen Ideen für die zukünftige Nutzung der Wilhelmstraße, die mit Anwohnern, Politikerinnen, Anliegern und Grundstückeigentümern diskutiert wurden. Aus den Erkenntnissen entwickelte die Projektgruppe Empfehlungen zur Gestaltung, die in die politischen Ausschüsse eingebracht wurden. Selbst Akteure, die dem Vorhaben zu Beginn eher skeptisch gegenüberstanden, zeigten sich im Projektverlauf offen für die Vorschläge und Umsetzungsideen der Projektgruppe.

Voraussetzungen für erfolgreiche Transformationsprozesse

Inwiefern lassen sich aus dem gelungenen Reallabor wichtige Erfolgsfaktoren ableiten? Britta Rösener identifiziert in ihrem Vortrag drei Prozessinnovationen:

Zu Beginn des Prozesses wird von politischer Seite kein konkretes Ziel vorgegeben, um einen ergebnisoffenen Aushandlungsprozess zu ermöglichen. Der Prozessrahmen wird vorab festgelegt, die inhaltliche und gestalterische Durchführung des Prozesses bleibt hingegen bewusst offen. Im Fall des Projekts „Verkehrsräume umverteilen" fungierte die Stadt Bielefeld nicht als Auftraggeber, sondern als Kooperationspartner, was die Selbstständigkeit des Reallabors stärkte. Eine intensive Vernetzung mit Politik, Verwaltung, Wirtschaft und Zivilgesellschaft war dennoch gegeben. So wurden zu Beginn des Projekts die relevanten Stakeholder identifiziert und Vertreter dieser Gruppen in das Projektteam bewusst eingebunden. Diese strategische Herangehensweise an die Teamzusammensetzung erwies sich als entscheidend. Dritte innovative Komponente des Projekts ist die Kommunikationsstrategie: Den kontinuierlichen Austausch mit politischen Entscheidungsträgern und deren frühzeitige und direkte Einbindung in Entscheidungsprozesse hält die Impulsgeberin für elementar. Projekte wie die „Wilhelmstraße" agieren im Tätigkeitsfeld von Politik und Verwaltung. Eine proaktive Einbindung steigert die Akzeptanz und Unterstützung durch diese so entscheidenden Stakeholder.

Der Modus des Verständigungsprozesses schuf Vertrauen zwischen Verwaltung, Politik und Zivilgesellschaft. An dieses Vertrauen lässt sich bei zukünftigen Projekten anknüpfen und davon profitieren. Das Projekt zeigt, dass unterschiedlichste Interessen vereinbar und Ideen für eine nachhaltige Entwicklung durch Umgestaltung von Stadträumen durchaus auch in einem größeren Rahmen anschlussfähig sind.

Wie Britta Rösener abschließend festhält, kann die experimentelle Ausrichtung des Projekts als Vorbild für weitere Vorhaben in der Stadtentwicklung dienen. Gerade angesichts der häufig polarisierenden Diskussion über Klimaschutzmaßnahmen kann so eine *lernende Stadtentwicklung* entstehen, die in der Lage ist, Bedarfe zu identifizieren und in Zusammenarbeit mit allen Betroffenen kreative Lösungen zur nachhaltigeren Entwicklung zu erarbeiten.

Was ist Erfolg in der nachhaltigen Stadtentwicklung?

Die anschließende Diskussion widmet sich zunächst der Frage, wie Erfolg in der nachhaltigen Entwicklung der Städte zu definieren ist. Die Einstellungsveränderung der Beteiligten gegenüber autofreien Straßen und das entstandene Vertrauen bewerten einige Gesprächsteilnehmer als wichtigen Erfolg. Identifikation mit dem Projektziel und die Abkehr von eingeschliffenen Diskursprozessen schaffen eine belastbare Grundlage für nachgelagerte Veränderungsprozesse. Dies ist von großer Wichtigkeit für den anhaltenden Erfolg stadträumlicher Umgestaltungsprozesse. Für andere Teilnehmende des Dialog-Cafés zählen in diesem Zusammenhang hingegen nur tatsächliche Veränderungen. Nachhaltige Stadtentwicklung braucht, so der Einwand, eine systemische, also ganzheitlich-integrierende Sichtweise. Aus Einzelmaßnahmen, wie einem Durchfahrtsverbot, resultiert keine Verringerung, sondern vielmehr eine Verlagerung des Autoverkehrs. Das zugrundeliegende Problem, das vorherrschende Mobilitätsverhalten, wird nicht bearbeitet. Zudem stellt ein Teilnehmer dem Nutzen eines zeitintensiven Aushandlungsprozesses, der zu einer hohen Akzeptanz von Lösungen führt, die Dringlichkeit des Problems gegenüber. Ist ein solcher partizipativer Ansatz geeignet, die nötige Breitenwirkung in einem relativ begrenzten Zeithorizont zu entfalten?

Determinanten einer nachhaltigen Stadtentwicklung

Unabhängig von den unterschiedlichen Definitionen, worin der Erfolg von Prozessen nachhaltiger Entwicklung liegt, verständigen sich die Teilnehmenden in der Diskussion auf eine Erfolgsdeterminante: Partizipation muss möglichst viele Beteiligte oder Betroffene integrieren. Das erhöht die Akzeptanz, auch bei umstrittenen Projekten. Gerade Personen, die sich ablehnend oder sogar störend verhalten, sind von vornerein und bewusst einzubeziehen. Doch führt eine Befriedung aller Interessen nur zu einer Einigung auf kleinstem gemeinsamen Nenner? Werden dadurch tiefgreifende Veränderungen verhindert?

Wie muss dann ein Partizipationsprozess gestaltet werden? Auch hier äußern die Teilnehmenden unterschiedliche Einschätzungen. Ist es sinnvoll, bestimmte Akteure lediglich zu bestimmten Zeitpunkten einzubeziehen oder sollte jeder die Möglichkeit bekommen, während des gesamten Prozesses zu partizipieren?

Breite Zustimmung findet die Konstatierung, dass eine kontinuierliche Information der Mandatsträger über den Stand des Beteiligungsprozesses und das Projekt wichtig ist, um die Akzeptanz und das Vertrauen auf politischer Ebene zu erhöhen, was sich mit den Beobachtungen der Impulsgeberin deckt.

Herausforderung der Skalierung

Das vorgestellte Modell der Prozessgestaltung trifft in der Runde auf großen Anklang. Fraglich ist, wo der beschriebene Weg zur Konsensfindung seine Grenzen findet. Britta Rösener sieht die Politik in der Rolle eines Kooperationspartners, nicht als alleinige *ausführende Kraft*. Ziel ist das Zusammenführen von Mindsets und unterschiedlichen Sphären, dies setzt ein von der Politik unabhängiges Agieren voraus. Die dauerhafte Umsetzung eines partizipativ konzipierten Projekts liegt aber in der Entscheidungsgewalt der Politik.

Wer trägt bei bottom-up initiierten Projekten die Verantwortung? Und wer übernimmt Verantwortung in kritischen Situationen oder falls das Vorhaben scheitert? Viele Maßnahmen im Sinne einer nachhaltigeren Stadtentwicklung produzieren Verlierer, merkt ein Teilnehmer an. Im Fall der Bielefelder Wilhelmstraße sind die materiellen Verluste für Einzelne durch den kleinen Wirkungsraum begrenzt, größer angelegte Umgestaltungsvorhaben könnten aber durchaus in der Konsequenz zu

tiefgehenden Veränderungen der betreibbaren Geschäftsmodelle führen. Ob Bottom-up-Initiativen in der Lage sind, diese Verlierer zufrieden zu stellen, beispielsweise durch Kompensation, bleibt fraglich.

Einigkeit herrscht, dass für nachhaltige Transformationsprozesse die Struktur der Kommunikation entscheidend ist. Die Stadt ist ein besonders umkämpfter Raum, es gibt nur begrenzt Platz und unterschiedlichste Meinungen treffen aufeinander. Ohne kontinuierliche Kommunikation lässt sich kein nachhaltiger Veränderungsprozess anstoßen. Praktische Beispiele wie das Projekt „Verkehrsräume umverteilen" dienen zugleich als (Kommunikations-)Chance, um den Möglichkeitsraum zu erweitern und alternative Gestaltungen des öffentlichen Raums aufzuzeigen. Auch Britta Rösener regt abschließend einen Austausch darüber an, wie eine *nachhaltige Stadt* überhaupt aussehen kann und durch welche Prozesse man dorthin gelangt. Für diese Diskussion benötigt man Beispiele – auch solche, die umstritten sind.

Digitale Öffentlichkeit und nachhaltige Entwicklung
Digitale Technologien erweitern den analogen öffentlichen Raum ins Digitale. Jonathan Kropf, Wissenschaftlicher Mitarbeiter im Projekt „Analyse und Gestaltung von Social Machines" an der Universität Kassel, geht der Frage nach, inwiefern die digitale Öffentlichkeit Teil einer Strategie zur Förderung nachhaltiger Entwicklung sein kann. In seinem Impulsvortrag entwickelt der Soziologe drei Thesen zu Chancen und Risiken von Nachhaltigkeitsstrategien im digital vermittelten öffentlichen Raum.

Hybride Netzwerke aus Mensch und Maschine
Die erste These bezieht sich auf Handlungsakteure und -strukturen und knüpft an den Gedanken des *material turn* an. So ist eine strikte Trennung zwischen digitalen Technologien und der Gesellschaft heutzutage genauso nicht mehr möglich, wie auch beim material turn die Trennung von Natur und Kultur thematisiert wird. Das Digitale ist nicht mehr bloßes Werkzeug oder passive Hintergrundstruktur, sondern verändert gesellschaftliche Strukturen und persönliches Handeln des Einzelnen, sei es durch die Beeinflussung von Wahlen oder das veränderte Kommunikationsverhalten durch Social Media. Dabei ordnet Jonathan Kropf Social Media oder Bewertungsplattformen nicht einfach als neutrale Orte der Beteiligung ein, sondern weist darauf hin, dass diese auf die Form von Beteiligung und Kommunikation aktiv einwirken. Er möchte die Aufmerksamkeit weniger auf konkret und sichtbar handelnde, meist menschliche Akteure lenken, sondern auf die wirklich handelnden Netzwerke aus menschlichen und nicht-menschlichen Akteuren – eine *grundlegend verteilte Struktur des Handelns*. Dies wird am Beispiel der Frage „Wer fliegt eigentlich ein Flugzeug?" deutlich. Die meisten würden Pilotinnen und Piloten am Steuer sehen und die hybriden Netzwerke aus Navigationssystemen, Satelliten, Triebwerken, Wartungsingenieurinnen oder Fluglotsen außer Acht lassen. Jonathan Kropf weist jedoch darauf hin, dass kein Handeln außerhalb von Netzwerken existiert. Daher ist der Fokus

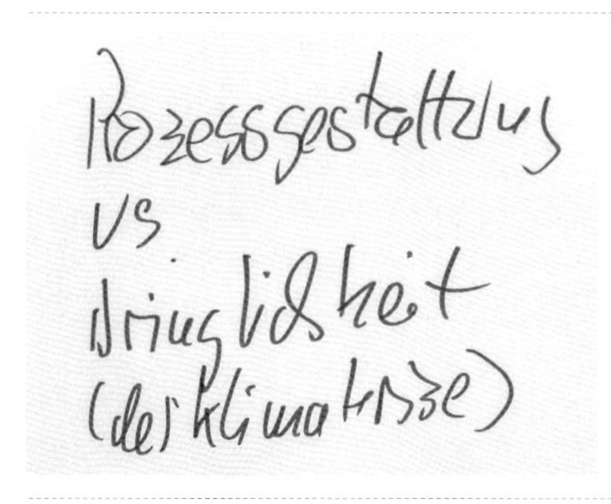

auch in Bezug auf eine nachhaltige Entwicklung auf handelnde Netzwerke, nicht auf einzelne Akteure zu legen. Wirksame Nachhaltigkeit muss auf der Ebene verteilter Netzwerke als Ganzes verankert werden.

Potenziale der Verhaltenssteuerung

Die Vermittlung zwischen verschiedenen Wertordnungen, so die zweite These, hält der Impulsgeber wesentlich für den Erfolg von Nachhaltigkeitsstrategien. Sozialtechnologische Tendenzen wie das Nudging können diese Vermittlung unterlaufen. Beispielhaft nennt er digitale Marketingstrategien, die Nutzende mittels digitaler „Entscheidungsarchitekturen" lenken, zum Konsum animieren oder im Dienste sogenannter „Netzwerkeffekte" auf Plattformen halten, und zwar durch die permanente datengestützte Beobachtung der Nutzergewohnheiten. Derartige Strategien unterminieren Möglichkeiten der selbstbestimmten Beteiligung und öffentlichen Aushandlung, wie sie in einer demokratischen Öffentlichkeit zu finden sind.

Eine Folge dieser Praktik: Die Nutzung von Bewertungs- und Vergleichsportalen führt zu einer generalisierten Logik des Preis-Leistungs-Verhältnisses. Nachhaltigkeitsaspekte spielen bei der Entscheidungsfindung kaum eine Rolle. Jonathan Kropfs Vorschlag, um Nachhaltigkeit in dieser digitalen Praxis zu verankern: Vergleichsportale werden verpflichtet oder durch Marktanreize dazu motiviert, die Nutzer und Nutzerinnen in die Erkundung nachhaltiger Konsumvarianten einzubeziehen und damit ihre Verbraucherkompetenzen zu schulen. Eine weitere Möglichkeit wäre, schon im technischen Design eine nachhaltige Wertevermittlung an die digitale Öffentlichkeit zu adressieren. Also Verhaltenssteuerung im Sinne der Nachhaltigkeit? Jonathan Kropf gibt zu bedenken, dass bei der Mobilisierung der digitalen Öffentlichkeit in Fragen der Nachhaltigkeit Maßnahmen vermieden werden sollen, die eine demokratische Meinungsbildung untergraben könnten.

Die individuelle Verantwortung

Die dritte These: Nicht nur in der digitalen, auch in der analogen Welt ist eine vermeintlich individuelle Entscheidung eingebettet in eine Infrastruktur, die vorselektiert, welche Wahlmöglichkeiten überhaupt angeboten werden. Zwar können wir uns im Supermarkt für die nachhaltigsten Lebensmittel entscheiden, haben jedoch keine Kontrolle über das angebotene Sortiment. Verbraucher sind permanent auf Vertrauen und Verantwortungsdelegation angewiesen, das bestmögliche oder sogar nachhaltigste Angebot zu erhalten. Gerade im Bereich des Klimawandels, so der Impulsgeber, wird häufig an die individuelle Verantwortung appelliert. Das setzt aber infrastrukturelle Bedingungen voraus, die eine nachhaltig kompetente Verantwortungsübernahme möglich machen. Ein Beispiel: die Installation von Apps oder die Nutzung von Webshops erfordert vorab die Zustimmung zu AGBs. Oft weder gelesen noch verstanden, werden die Adressaten zu einer Handlung gedrängt, deren Ausmaß sie nicht überblicken können. Infrastrukturen für eine kompetente Verantwortungsübernahme fehlen. Jonathan

Kropf appelliert an die Diskussionsteilnehmenden, diese Reflexion bei allen Überlegungen zur Rolle der digitalen Öffentlichkeit als Teil einer Strategie zur Förderung nachhaltiger Entwicklung einzubeziehen.

Gestalt und Gestaltung des öffentlichen digitalen Raums

In der anschließenden Diskussion wird eine trennscharfe Abgrenzung zwischen analogem und digitalem Raum verneint. Der digitale öffentliche Raum ist nicht als Erweiterung des analogen öffentlichen Raums zu verstehen, vielmehr sind beide Sphären verschränkt.

Die Strukturen, die zu individuellen Entscheidungen führen, werden in der Runde kritisch hinterfragt. Besonders die Rolle von privaten Unternehmen in der Gestaltung digitaler Infrastrukturen wird hervorgehoben. Die Betreiber verantworten das Design der Plattformen sowie deren jeweilige Entscheidungsstrukturen. Eine Kontrolle ist schwer durchzusetzen. Wie könnte eine effektive Einflussnahme sowie Umstrukturierung dieser digitalen Räume im Sinne einer nachhaltigeren Entwicklung aussehen? Im Wege staatlicher Regulierung oder durch die Schaffung eines Nachhaltigkeitskodexes für Unternehmen, indem diese sich verpflichten, nachhaltiges Verhalten zu unterstützen. Dabei sehen die Teilnehmenden kritische Aspekte beider Ansätze. Staatliche Regulierungen wirken schlichtweg zu langsam angesichts der rasanten Entwicklung, deshalb sind sie kein geeignetes Instrument. Selbstverpflichtung birgt die Gefahr, dass tatsächliche Änderungen des Status quo ausbleiben. Ohne Anreize oder gar Druck von außen ist auf Unternehmensseite eine freiwillige und wirksame Selbstverpflichtung zur Unterstützung nachhaltig-kompetenter Verantwortungsübernahme fraglich.

Gerade im Kampf gegen den Klimawandel wird häufig auf die Verantwortung des Einzelnen verwiesen. Wäre es nicht effektiver, durch politische Entscheidungen, also Top-down, klimaschädliches Verhalten zu verändern – beispielsweise durch ein Verbot von Massentierhaltung, anstatt darauf zu bauen, dass die Konsumentenseite durch ihr Kaufverhalten Einfluss auf die Nachfrage und damit das Angebot ausübt? Die gesellschaftliche Akzeptanz von Verboten im Sinne der Nachhaltigkeit ist in der Diskussion jedoch umstritten. Allein auf die rationale Entscheidung des Einzelnen zu vertrauen, halten die Teilnehmenden nicht für ausreichend. Denn so bleibt die Rolle der Politik und der Wirtschaft außer Acht, obwohl dort die gleiche Verantwortung liegt wie bei den Individuen. Und es steht in Frage, wie viel individuelle Entscheidungskompetenz überhaupt schon abgegeben wurde.

Das Digitale als Nachhaltigkeitsmotor?

Die Rolle des Digitalen in der Nachhaltigen Entwicklung wird in der öffentlichen Debatte meist positiv gesehen und zum Beispiel mit Ressourcenschonung gleichgesetzt. Die Verlagerung vieler Aktivitäten in den digitalen Raum ist bei genauerer Betrachtung nicht notwendigerweise nachhaltig. Zudem fehlt, so eine Teilnehmerin, derzeit eine gesamtgesellschaftliche Diskussion. Neue Technologien werden nicht dahingehend hinterfragt, wer überhaupt die Ressourcen besitzt, um diese zu entwickeln, und wer dann wiederum davon profitiert. Wer schreibt den Algorithmus, dem der jeweilige digitale öffentliche Raum unterliegt?

Im Gespräch wird bezweifelt, ob Einzelne tatsächlich über eine Wahlmöglichkeit bei der Nutzung Sozialer Medien verfügen. Diese drängen die Nutzerinnen und Nutzer oft in eine Abhängigkeit von der jeweils marktbestimmenden Plattform, damit wird der digitale Raum von wenigen großen Unternehmen dominiert. Dem Individuum ist es ohne Gefahr der sozialen Ausgrenzung nicht möglich, sich diesen Strukturen und ihren Aufmerksamkeitsökonomiken zu entziehen. Im Fall der Datenabgabe und des Nudging besteht kaum eine Chance zu kontrollieren, zu welchem Zweck diese Daten gesammelt werden. Auch vermeintlich gute Unternehmen, die sich Nachhaltigkeit und Klimaschutz verschrieben haben, praktizieren das Geschäftsmodell des Datensammelns. Gibt es also gute und schlechte Datenabgabe? Wie wird definiert, wann und zu welchem Zweck Nudging angemessen ist? Oder besteht die Lösung darin, Nachhaltigkeit *wirtschaftlich* attraktiv für Unternehmen zu gestalten?

Klimawandel und Gerechtigkeit

Der Zusammenhang zwischen Klimawandel und globaler Gerechtigkeit steht im Zentrum der dritten Gesprächsrunde. Christine Heybl, Autorin und Lehrbeauftragte an der Leuphana Universität Lüneburg, ist Impulsgeberin der Runde. Sie konzentriert sich in ihren Ausführungen auf drei Aspekte: die Bedeutung der Freiheitsverwirklichung für das „Mensch-Sein", geteilte Chancen, aber auch geteilte Verantwortung in einer globalisierten Welt und die Frage, welche Wirkung die Art der Kommunikation über den Klimawandel auf den Klimaschutz haben kann.

Freiheit macht den Menschen zum Menschen

Die menschliche Fähigkeit, Freiheit zu verwirklichen, also ein transzendentes Gut real werden zu lassen, macht den Menschen zum Menschen, so Immanuel Kant. Da der Mensch das einzige Wesen ist, das diese transempirische Fähigkeit besitzt, spricht Kant ihm Würde zu und erhebt ihn zum Absoluten, zum letzten Zweck. Kant spricht diese Fähigkeit allen Menschen gleichermaßen zu. Aus diesen Überlegungen leitet Christine Heybl die globale Verpflichtung ab, eine Sphäre zu erschaffen und zu erhalten, in der jeder Mensch die Möglichkeit zur individuellen Freiheitsverwirklichung besitzt. Der menschliche Körper dient als Instrument dieser Freiheitsverwirklichung und hat deshalb ein Recht auf alle lebensnotwendigen Ressourcen wie Nahrung, Wasser oder ein Dach über dem Kopf. Daneben benötigt der Mensch Infrastrukturen, um überhaupt seine Freiheit ausüben zu können, etwa Bildung oder rechtliche Rahmenbedingungen wie Presse- und Meinungsfreiheit. Die globale Verpflichtung, diese kontextuellen Bedingungen für jeden Menschen herzustellen, muss sich gerade die westliche Bevölkerung bewusst machen. Denn sie trägt mit ihrem Lebensstil dazu bei, dass den substanziellen Forderungen nach lebensnotwendigen Ressourcen in anderen Teilen der Welt nicht nachgekommen werden kann und Rahmenbedingungen für ein gutes Leben zerstört oder gar nicht erst aufgebaut werden können.

Geteilte Chancen in einer globalisierten Welt

Auswirkungen des Klimawandels machen nicht vor Ländergrenzen halt und treffen gerade diejenigen nicht proportional, die durch ihren Lebensstil zu einem großen Teil das Klimaproblem verantworten. Der globale Süden hingegen kämpft schon jetzt mit den Auswirkungen des Klimawandels.

Die Verpflichtung, für jeden Menschen eine Umgebung zu schaffen, in der er seine Freiheit verwirklichen kann, macht den Klimawandel zu einem moralischen Problem, so Christine Heybl. Sie leitet daraus eine moralische Verpflichtung ab, diese Ungerechtigkeit zu beseitigen. Der Klimawandel ist durch Menschen verursacht, allein sie können das Problem lösen. In einer globalisierten Welt werden nicht nur die Chancen geteilt, sondern auch die Verantwortung. Diese Verantwortung muss viel stärker ins Bewusstsein der Menschen rücken. Philosophisch gesehen bedroht der Klimawandel das, was das Mensch-Sein ausmacht: zur Freiheit und zur Vernunft fähig zu sein sowie eine Moral zu haben.

Kommunikation im Klimadiskurs

Im Klimadiskurs besteht die Aufgabe der Kommunikation darin aufzuklären, zu informieren und Handlungsoptionen aufzuzeigen. Nach Ansicht der Impulsgeberin sind viele Menschen bereits sehr gut aufgeklärt. Warum verhalten sie sich trotzdem nicht

„Wir wollten nicht die Welt verändern, wir wollten ein Forschungsprojekt."

entsprechend, warum kommt es zu Abwehrhaltungen? Liegt es an der Art der Kommunikation im Klimadiskurs? Deren Diktion, von der Impulsgeberin als düster und beschuldigend charakterisiert – führt sie zu Scham und Angst und damit zur Abwendung vom Thema? Das wäre problematisch, denn gerade in den Industriestaaten lebt jeder Mensch in einem System, in dem er sich permanent schuldig macht, unabhängig von seinen eigenen Konsumentscheidungen. Christine Heybl empfiehlt eine gewaltfreie Sprache, die sowohl positive Zukunftsvisionen beschreibt als auch motiviert. Sie geht davon aus, dass Menschen immer emotional handeln und fordert mehr Ermutigung statt Beschuldigung.

Ist Moral stärker als das System?

Die moralische Verpflichtung, das eigene Verhalten zu verändern, bleibt in der folgenden Diskussion zwar unbestritten. Aber, so eine Entgegnung, es muss auch die Möglichkeit gegeben sein, anders handeln zu *können*. Im gegenwärtigen Wirtschafts- und Finanzsystem ist diese Option jedoch kaum vorhanden, der Klimawandel kann als „Beigeschmack" dieses Systems gesehen werden. Nicht das moralische Gewissen ist handlungsrelevant, sondern die Macht des Systems, das von einem unmoralischen Verhalten der Individuen profitiert. Diese Macht ist durch die zunehmende Verflechtung zwischen Wirtschaft und Politik entstanden. Ein Gesprächsteilnehmer identifiziert überdies eine Verschiebung der Machtverhältnisse, weg von der Politik hin zur Wirtschaft. Gerade bei weltweit agierenden Großunternehmen gestaltet sich die politische Kontrolle immer schwieriger. Ein möglicher Lösungsansatz liegt in einer Umdeutung des Wachstumsbegriffs. Ihn nicht mehr mit steigenden Gewinnen und steigenden Produktionszahlen gleichzusetzen, hieße Wachstum zum Beispiel mit weniger Ressourcenverbrauch zu verbinden.

Das Bewusstsein der Mehrheit im Sinne dieser moralischen Verpflichtung zu verändern, ist sehr zeitaufwendig und das verbleibende Zeitfenster schlicht zu klein, gibt ein Teilnehmer zu bedenken. Außerdem müsste jedes Individuum in der Lage sein, die Folgen eigener Handlungen abzuschätzen. Einige Teilnehmer gehen davon aus, dass mittlerweile jeder über genügend einschlägiges Wissen verfügt. Diese Position trifft in der Runde aber auf Widerspruch. Wissen über den Klimawandel ist in der Gesellschaft nicht gleichermaßen vorhanden. Die Bedeutung von konstanter Wissensvermittlung darf deshalb nicht unterschätzt werden. Individuelle Handlungen, die nicht nachhaltig sind, werden meist nicht bewusst vollzogen. Handlungsrelevant ist das fehlende Wissen über die Konsequenzen des eigenen Handelns.

Daran anknüpfend widersprechen einige Teilnehmer der These von Christine Heybl, die eine positive Klimadiskursgestaltung als richtigen Weg sieht, um Verhaltensänderungen herbeizuführen. Gerade weil nicht jeder über ausreichende Informationen zum Klimawandel und seine Folgen verfügt, braucht es dystopische Zukunftsszenarien, um die Dringlichkeit des Themas und Notwendigkeit eines entscheidenden Handels zu vermitteln.

James Lovelock: Gaia …
Verbote vs. positive Beispiele.
Wissen reicht nicht –
vom Wissen zur Umsetzung

Technischer Fortschritt als Allheilmittel?

Im Gegensatz zu einem zeitaufwendigen Systemwandel erhoffen sich einige Teilnehmer durch den technischen Fortschritt zeitnah Lösungen für konkrete Problemstellungen aus dem Themenkomplex Klimawandel. Auch das Wirtschafts- und Finanzsystem steht dem nicht im Weg, im Gegenteil: Um ihr Fortbestehen zu sichern, sind beide Systeme gezwungen, nach technischen Lösungen für den Klimawandel zu suchen. Dem wird entgegengehalten, dass trotzdem nicht die nötigen Investitionen in die Erforschung technologischer Lösungen fließen, die zudem meist neue Probleme oder Rebound-Effekte verursachen. Genannt wird das Beispiel der Rohstoffgewinnung zur Herstellung von Elektroautos. Eine neue technologische Lösung oder nachhaltigere Substitutionsgüter erfahren auch nicht automatisch eine marktdurchdringende Verbreitung. Überdies rechnen die gängigen Zukunftsprognosen den technischen Fortschritt bereits mit ein. Dennoch erreichen diese Berechnungen die planetar notwendigen Verbrauchseinsparungen nicht. Technische Lösungen allein sind also nicht ausreichend. Das moralische Gewissen muss parallel entwickelt werden, damit sich auch das individuelle Verhalten ändern kann.

Hier kommt die Gerechtigkeitsfrage wieder ins Spiel: In deutschen Küstenregionen gibt es Dammsysteme, die vor dem steigenden Meeresspiegel schützen sollen. Andere Länder haben jedoch keinerlei Zugang zu solchen technischen Lösungen und sind dem steigenden Meeresspiegel hilflos ausgeliefert. Bei der Bekämpfung des Klimawandels müssen Anstrengungen unternommen werden, um den Prozess bewusst gerechter zu gestalten. Marginalisierte Gruppen sind besonders vom Klimawandel betroffen, hier herrscht die moralische Verpflichtung, diese zu schützen. Hinzu kommt der globale Zusammenhang zwischen sozialer und ökologischer Gerechtigkeit. Am Beispiel billiger und nicht nachhaltig produzierter Textilwaren wird dieser Aspekt deutlich. Eine nachhaltige Entwicklung sollte daher immer auch Fragen sozialer Gerechtigkeit berücksichtigen.

Der Faktor Dringlichkeit

In den drei Sessions des Dialog-Cafés wird der Faktor Dringlichkeit wiederholt thematisiert. Für einen Wandel zur einer nachhaltigeren Wirtschafts- und Lebensweise bleibt einfach nicht mehr viel Zeit. Ein top-down gesteuertes Vorgehen, das ohne Konsensfindung die nötigen Maßnahmen trifft, scheint für einige Teilnehmende die einzige Lösung zu sein – auch wenn das bedeutet, auf gewisse demokratische Grundprinzipien zu verzichten, um die Lebensgrundlage der Menschheit zu retten. Die Mehrheit in der Runde nimmt jedoch Abstand von der Idee einer solchen „Klimadiktatur". Den Fokus nur auf die individuelle Verantwortung zu legen, wird jedoch insgesamt sehr kritisch gesehen.

Christine Heybl betont abschließend die Relevanz von Synergielösungen, die von Politik, Wirtschaft und Gesellschaft gemeinsam getragen werden. So müssen ökologische mit sozialen Strategien sowie technischer und individueller Wandel Hand in Hand gehen, um die Chance auf die Bewältigung der Klimakrise zu wahren.

Resümee

Prof. Dr. Gabriele Abels, die bis November 2019 dem Kleinen Konvent der Schader-Stiftung angehörte, hat das Dialog-Café begleitet und fasst ihre Eindrücke und die Ergebnisse der Gespräche zusammen:

Welche Verantwortung trifft den Einzelnen in Fragen der Nachhaltigen Entwicklung und der Bekämpfung des Klimawandels? Diese grundlegende Frage wurde in den drei Sessions in verschiedenen Facetten aufgeworfen und diskutiert. Vorrangig wird im herrschenden öffentlichen Diskurs an die Verantwortung, zum Beispiel im Bereich der Konsumentscheidungen, des Einzelnen appelliert, obwohl die vorliegenden Strukturen, sowohl in der digitalen als auch der analogen Welt, keine kompetente Verantwortungsübernahme ermöglichen. Dieser Appell an das Individuum birgt zudem Frustrationspotenzial, da der Pro-Kopf-Verbrauch jedes Einzelnen in der westlichen, industriellen Welt, völlig unabhängig von den Bemühungen des Individuums im Bereich der Lebensführung, automatisch die uns „zustehende" Menge überschreitet. Ein „moralisch richtiges" und gerechtes Verhalten gegenüber anderen Weltbevölkerungsteilen oder auch nachfolgenden Generationen ist im bestehenden System unmöglich und rein technologische Lösungen sind nicht erkennbar. Global gesehen, ist das Verhalten des Einzelnen unerheblich, erst in der Masse und durch ein Abweichen vom dem Wachstumsgedanken als Leitlinie politischen und wirtschaftlichen Handelns könnte eine tiefgreifende Änderung unseres Modus Operandi erreicht werden.

Ein weiterer Schwerpunkt lag auf der Diskussion, ob die Transformation in Richtung einer Nachhaltigeren Gesellschaft durch Top-down-Entscheidungen durchgesetzt werden muss. Die Verfechter dieses ordnungspolitisch geprägten Ansatzes verwiesen dabei vor allem auch auf die Dringlichkeit der Thematik, zeitaufwendige Prozesse der breit angelegten Interessensaushandlung oder Bewusstseinsbildung seien ungeeignet, um die Probleme im Rahmen des gegebenen Zeithorizonts mit nötiger Breitenwirkung zu beantworten.

Die Verfechter von Bottom-up-Ansätzen verwiesen hingegen auf gesellschaftliche Akzeptanz der entwickelten Lösungen, die durch Einbindung, Mitnahme der Betroffenen und das Erleben eines neuen Konzepts im Rahmen von Experimentierräumen steigt. Gerade im Bereich der Stadt, dem öffentlichen Raum, dem wir durch das Verlassen des Privaten sofort und unmittelbar ausgesetzt sind, bieten sich Möglichkeiten des Austausches und der Verhandlung von Interessen, die wir nutzen sollten. Hier kann im Kleinen ausprobiert werden, was im Großen nachfolgend Verstetigung erfahren kann.

Dialog-Café 6: Vielfalt

Impulsgeberin und Impulsgeber:
Prof. Dr. Klaus-Dieter Altmeppen, Katholische Universität Eichstätt-Ingolstadt
Prof. Dr. Andreas Pott, Universität Osnabrück
Prof. Dr. Margit Fauser, Hochschule Darmstadt

Begleitung: Dr. Sebastian Kurtenbach, Fachhochschule Münster
Moderation: Dennis Weis, Schader-Stiftung
Protokoll und Bericht: Katharina Apfelbaum und Dennis Weis, Schader-Stiftung

Als Sphäre vermeintlich gleichberechtigter Zugänglichkeit und vielfältiger Nutzungsmöglichkeiten bietet öffentlicher Raum Gelegenheit für Begegnungen und bringt Menschen in Kontakt mit kulturellen Umgebungen, die durch Migration differenzierter werden. Kulturelle Repräsentation sowie die Sichtbarkeit von Vielfalt können grundlegende Aushandlungsprozesse anstoßen. Eine diversitätssensible Gestaltung des öffentlichen Raums eröffnet somit Spielräume zur Identifikation mit dem Eigenen wie auch dem Fremden. Doch wird der öffentliche Raum von den verschiedenen städtischen Gruppen überhaupt angenommen? Dient die gemeinsame Aneignung von Räumen der gesellschaftlichen Integration oder fördert sie kulturelle Konflikte?

Narrative der Flucht – Macht der Worte

Die bayerische Große Kreisstadt Eichstätt ist ein Mikrokosmos der Fluchtbewegung. Sie ist sowohl ein positives Beispiel für ehrenamtliches Engagement zivilgesellschaftlicher Initiativen, die Starthilfe bei der Aufnahme von Geflüchteten leisten, als auch mit negativen Entwicklungen wie der Umwandlung eines Gefängnisses in eine Abschiebehaftanstalt belastet. Eichstätt ist mit seinen knapp 14.000 Einwohnerinnen und Einwohnern auch deswegen ein verkleinertes Abbild der Auswirkungen jüngster Fluchtmigration, weil der Ort in den letzten Jahren all das erlebt hat, was im Zusammenhang mit Ankommenden, Bleibenden und Gehenden im Gedächtnis geblieben ist. In dem von hoher Fluchtzuwanderung geprägten Jahr 2015 wurde ein Sommercamp für Geflüchtete mit Bildungsangeboten und sprachlicher Unterstützung wie auch kultureller und sozialer Betreuung aufgebaut. Dieses hohe Maß an ehrenamtlichem Engagement wurde nach einem halben Jahr durch eine neue Gesetzgebung des Bayerischen Landtags und die Einrichtung von Ankerzentren als Erstaufnahmeeinrichtungen unterbunden. Es gab positive und negative Aspekte während der Ankunftssituationen, die beispielhaft für ähnliche Begegnungen vielerorts stehen. Wie entstanden daraus jene positiv oder negativ konnotierten Begriffe, die die Debatte über die Fluchtmigration und die Situation Deutschlands als Ankunftsort bestimmen?

Vor diesem Hintergrund verdeutlicht Klaus-Dieter Altmeppen, Professor für Journalistik an der Katholischen Universität Eichstätt-Ingolstadt, in seinem Impulsbeitrag der ersten Session „Kommen" des Dialog-Cafés, dass das Bewusstsein um die Entstehung bestimmter Begrifflichkeiten immer essentiell bleibt, um mitschwingende Konnotationen und Urteile nicht unreflektiert zu übernehmen. Begriffe wie „Flüchtlingskrise" oder „Flüchtlingswelle" finden weiterhin häufige Verwendung in der medialen Berichterstattung, sind jedoch als Narrative oder Frames bereits negativ geprägt. Sie nehmen es den Menschen vorweg, sich unvoreingenommen eine eigene Meinung aufgrund eigener Erfahrungen zu bilden. Unterbewusste Einflüsse können somit auch abseits der eigenen unmittelbaren Wahrnehmung an der Meinungsbildung mitwirken. Das Gesamtbild wird reduziert, nicht selten auf Negativerfahrungen oder Fremdzuschreibungen. Obwohl Vereinfachungs- und Kategorisierungsprozesse zunächst menschlich und natürlich sind, entfachen sie womöglich problematische Frames.

Durch etablierte Begriffe können mächtige Narrative entstehen. Es stellt sich aus Sicht der Wissenschaft die Frage, ob diese im Rahmen von Aushandlungsprozessen in der Alltagswelt überhaupt veränderbar sind, beispielsweise durch den Versuch, bewusst andere Begriffe zu verwenden. Ein Teilnehmer berichtet bezogen auf seine Erfahrungen, dass sich Narrative durchaus ändern können, beispielsweise das ehemals vorherrschende Bild von polnischen Menschen in Deutschland. Anfang des 20. Jahrhunderts wurde die Zuwanderung aus Polen noch als Gefahr der Überfremdung wahrgenommen, heute gelten die Polinnen und Polen als Erfolgsbeispiel der Integration und werden als Unterstützung des deutschen Arbeitsmarkts positiv konnotiert.

Teilhabe am öffentlichen Raum – Bildung und Gesundheit

Eine Gesellschaft beansprucht den öffentlichen Raum auf vielfältige Weise für sich. Doch wie steht es um unsere Bereitschaft, bisherige Errungenschaften mit Ankommenden zu teilen? Diese bilden zudem eine heterogene Gruppe, die nicht nur Fluchtmigranten einbezieht, sondern auch Arbeitsmigration und andere Formen der Wanderungen. Gruppen, die unterschiedlichste Milieus umfassen, deren eigene Ressourcen variieren, was eine unterschiedliche Aneignung öffentlicher Räume mit sich bringt. Bei der Verteilungsfrage geraten soziale Unterschiede zunächst in den Hintergrund, vielmehr eröffnet sie eine grundsätzliche Auseinandersetzung mit der eigenen Bereitwilligkeit, Anderen Freiraum zu gewähren.

Ankommende begeben sich in unseren Alltag und damit ins öffentliche Leben. Ihnen Partizipation zu ermöglichen, nimmt auch jene in die Pflicht, die bereits im öffentlichen Raum agieren. Beide Seiten müssen aufeinander zugehen. Das Öffentliche umfasst, neben der räumlichen, eine Vielzahl weiterer Komponenten. Zentral ist in diesem Zusammenhang der Bildungssektor, denn dort stellt sich frühzeitig die Frage, wie Zukunftschancen verteilt beziehungsweise erworben werden können. Der Ansatz der frühzeitigen Bündelung von Ressourcen für Projekte im Kindesalter erscheint daher vielversprechend, da Menschen im Erwachsenenalter ungleich schwerer zu erreichen sind. Trotzdem gehen die Mittel, die für Bildung, auch und besonders für politische und humanistische Bildung, zur Verfügung stehen, tendenziell zurück. Vor allem ankommende Menschen sind auf politische Bildungsangebote angewiesen, da sie vielfältige Herkunftsgeschichten mitbringen und fehlende Vertrautheit mit historischen Zusammenhängen, hiesigen Werten und der demokratischen Grundordnung zu Missverständnissen führen kann. Zudem bleibt die Bedeutung von Bildung als Ressource zum sozialen Aufstieg für viele ein fernes Konzept, die Erwartungshaltung innerhalb dieser Familien steht oftmals im Kontrast zur deutschen Interpretation von Bildung als Statussymbol.

Auch das Gesundheitswesen muss sich auf neu ankommende Menschen einstellen. Medizinische Versorgung in einem teuren Gesundheitssystem fordert ebenfalls die Bereitschaft, Ankommenden die Teilhabe zu ermöglichen. Es entstehen Mehrkosten, die von der Versichertengemeinschaft zu tragen sind. Sebastian Kurtenbach, Vertretungsprofessor für Politikwissenschaft/Sozialpolitik an der Fachhochschule Münster und als Mitglied des Kleinen Konvents Begleiter des Dialog-Cafés, erläutert die gesetzlichen Regelungen für Personen aus Drittstaaten, Asylsuchende und EU-Ausländer mit jeweils unterschiedlichen Zugängen zu gesundheitlichen Leistungen. EU-Ausländerinnen und EU-Ausländer müssen im Krankheitsfall selbst für die anfallenden Kosten aufkommen. Problematisch ist dies bei Menschen aus ärmeren Ländern Südosteuropas, denen kein Anspruch auf Sozialleistungen wie SGB II oder auf Gesundheitsversorgung zusteht. Personen mit Asylbewerberstatus haben hingegen bessere Teilhabemöglichkeiten und Zugänge zu unserem Gesundheits- und Sozialsystem. Diese Unterschiede können dazu führen, dass gesellschaftliche Gruppen gegeneinander ausgespielt werden und Kommunen bevorzugt Menschen aufnehmen, deren Finanzierung günstiger ist.

Politische und gesellschaftliche Teilhabe

Menschen, die hier ankommen und bleiben, wandern gleichzeitig in unser politisches System ein. Wie nehmen sie die existierenden Teilhabeangebote, wenn überhaupt für sie ersichtlich, wahr? Bürgerinnen und Bürger sind in einer Demokratie politische Wesen, dazu gehört die aktive Mitwirkung an politischen Prozessen. Nun stehen Zuwanderinnen und Zuwanderern nicht alle Optionen, die mit der deutschen Staatsangehörigkeit verknüpft sind, zur Verfügung. Wie kann diesen Personen politische Teilhabe ermöglicht werden? Klaus-Dieter Altmeppen kritisiert, dass die vorherrschenden Strukturen in politischen Parteien Ankommende häufig abschrecken. Sie werden nicht mit offenen Armen empfangen, vielmehr tendieren Parteimitglieder dazu, auf ihren Traditionen zu beharren und für sich zu definieren, wer als neues Mitglied akzeptabel erscheint und wer nicht. Zudem sind Ankommende jeglicher Couleur in politischen Gremien und anderen gesellschaftlich wirksamen Bereichen unterrepräsentiert, ihre Lebensrealität wird in unserer Gesellschaft nicht oder nur in sehr geringem Maß wahrgenommen. Auch in den Medien sind Migrantinnen unterverhältnismäßig vertreten. Dort können sie die eingangs erwähnten Narrative schwerlich aktiv mitbestimmen. Hier rückt die Mehrheitsgesellschaft in die Pflicht, die eigene Bereitschaft zu reflektieren und Ankommenden Teilhabe zu gewähren, somit Platz für positive Erzählungen zu schaffen. Gerade die Medienbranche bietet dafür Beispiele, etwa der Bayerische Rundfunk, der junge Talente mit Migrationsbiographie fördert, ihnen Sendezeit einräumt und so Menschen und ihre Erfolgsgeschichten als potenzielle Multiplikatoren eines Einwanderungslandes anerkennt.

Eine weitere Herausforderung stellt die Integration in den Arbeitsmarkt dar. Die Regierung der Schweiz stützt sich hierbei auf ein algorithmisches Programm, das ankommende Geflüchtete nach ökonomischen Gesichtspunkten möglichst effizient und sinnvoll auf die Gemeinden verteilt. Im Idealfall dient ein solches Modell der Selbstwirksamkeit in ökonomischen Fragen und der gesellschaftlichen Teilhabe von Zuwanderinnen und Zuwanderern. Doch sollen Daten über berufliche Bildung und Interessen tatsächlich gesammelt und als Grundlage für eine Zuteilung von zugewanderten Arbeitskräften auf freie Arbeitsplätze eingesetzt werden? Die bundesrepublikanische Vorstellung von einem guten und selbsterfüllten Leben gründet auf einem persönlichen Entscheidungsspielraum. Erneut stellt sich die Frage nach der eigenen Bereitschaft, neu ankommenden Personen gleichwertige Freiräume zuzugestehen.

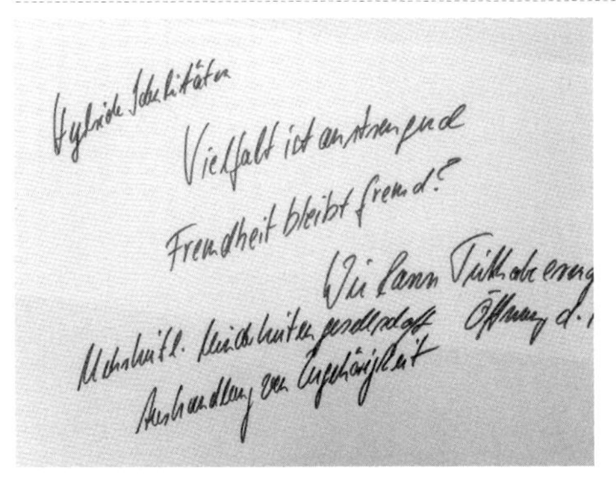

Vielfalt – verschiedene Gruppen im öffentlichen Diskurs

Immer wieder rückt im Gespräch der Titel des Dialog-Cafés in den Mittelpunkt. Welche Zuschreibung, welcher Frame steht hinter dem Begriff Vielfalt. Ein Teilnehmer betont die Vielfalt unter Geflüchteten, die sich je nach Herkunftsland, Fluchtbedingungen, Alter oder sozialer Stellung unterscheiden. Der öffentliche Diskurs jedoch erfasst Geflüchtete als homogene Einheit mit ähnlichen Bedarfen und differenziert nicht ausreichend. Die Existenz verschiedener gesellschaftlicher Gruppen mit unterschiedlichen Zugangsmöglichkeiten und Zugangsbarrieren in Bezug auf den öffentlichen Raum muss im allgemeinen Bewusstsein verankert werden. Gesellschaftliche Homogenität und die Pauschalisierung Ankommender oder auch die Kategorisierung der Ankunftsgesellschaft in einem „Wir" entsprechen nicht der Realität.

Zur vielfältigen Gesellschaft in Deutschland gehören neben Geflüchteten auch andere Gruppen mit eigenen Migrationserfahrungen. Weitere Wortbeiträge verdeutlichen, dass auch Binnenmigration, ob innerhalb Deutschlands oder der Europäischen Union, den öffentlichen Raum verändert. Gruppierungen, die oftmals kaum sichtbar sind und sich in der Gesellschaft nicht aufgenommen und repräsentiert fühlen, geraten im Diskurs zunehmend in Vergessenheit, was nicht immer gegen deren Willen geschieht. Stark präsente gesellschaftliche Fraktionen sind daher nur die Spitze des Eisbergs, unter dem sich viele weitere Partikularinteressen verbergen. An der Debatte einer öffentlichen Ausgestaltung des Ankunftsraums sollten jedoch *alle* hier ansässigen Bevölkerungsgruppen in ihrer gesamten Vielfalt teilhaben – auch jene, die vermeintlich nicht aktiv daran beteiligt sein wollen. Migrantinnen und Migranten, die gesetzlich geregelte Freizügigkeit innerhalb der Europäischen Union genießen, erleben in gleicher Weise unterschiedlich ausgeprägte Formen der Interessenvertretung und der Einbeziehung in das öffentliche Leben. Im Rahmen des öffentlichen Diskurses muss es darum gehen, so der Tenor der ersten Session des Dialog-Cafés, den verschiedenen und vielfältigen Gruppierungen geeignete integrative Angebote zu eröffnen, die bildungsschwache Milieus ebenfalls einbeziehen. Denn allgemein besteht ein Bedarf an fundierten Bildungsangeboten – auch jenseits der im Fokus der öffentlichen Wahrnehmung stehenden Zuwanderergruppen.

Diversität als Chance – Raum für Begegnungen statt Abschottung

Integration in den öffentlichen Raum oder auch in Nachbarschaften erachten viele Bürgerinnen und Bürger als wünschenswert, verkennen allerdings, dass sie keinem automatischen und linearen Prozess unterliegt. Diversität als Ressource, sicherlich auch als Aufwertungsprozess der weltgewandten Stadt erzählbar, sieht Klaus-Dieter Altmeppen kritisch. Gerade unter denjenigen, die gesellschaftlichen Pluralismus und die Vorzüge der Willkommenskultur im Einwanderungsland Deutschland propagieren, gibt es solche, die vor Ort Diversität ablehnen oder ihr kritisch gegenüberstehen. Der darin liegende Widerspruch findet im öffentlichen Diskurs kaum Erwähnung und erscheint vielmehr als Herausforderung, weil es kaum gesichertes Wissen über die

Orte des Erinnerung:
zwischen Stolpersteinen
und "Kofferträger"

Vorstellung von Teilhabe in sehr einkommensstarken Haushalten gibt. Spielt insoweit der sozioökonomische Status der Bewohnerinnen und Bewohner eine Rolle? Sebastian Kurtenbach ergänzt, dass diese sozial homogene Gruppe besonders wohlhabender Menschen sich teilweise bewusst abschottet.

Im weiteren Verlauf der Session richtet sich der Blick auf die Entstehung von Parallelgesellschaften und die bewusste Entscheidung, sich freiwillig aus gesellschaftlichen Diskursen und Prozessen auszuschließen. Das Beispiel der Russlanddeutschen veranschaulicht die segregative Einstellung von Gruppen, die öffentliche Aufmerksamkeit meiden. Doch freiwillige Abschottung kann dauerhaft nicht akzeptiert werden, auch um Individuen in den Gemeinschaften zu schützen.

Eine vielfältige Gesellschaft bringt viele Herausforderungen mit sich und kann für ihre Mitglieder anstrengend sein. Konflikte und Krisenbewusstsein gekoppelt mit einer hoffnungsvollen und positiven Annahme gesellschaftlicher Prozesse dienen als Treiber für Veränderungen. Gefühle der Fremdheit sind auf diesem Weg unvermeidbar und erfordern Nachsicht gegenüber Personen, die ein langsameres Tempo einschlagen, Nachsicht jedoch auch gegenüber der Aushandlung eigener Empfindungen. Wie gelingt der Umgang mit einer rapide gewachsenen Vielfalt und Diversität? Zunehmend wird verlangt, Haltung zu zeigen. Aktiver Kontakt als direktes Kontrastprogramm zur Abschottung innerhalb eigener Rückzugsorte wie Kirchengemeinden oder Gewerkschaften überbrückt den Eindruck von Verschiedenheit. Weiterhin sind Räume für Begegnung und ausgelebte Vielfalt von herausragender Bedeutung für eine globale und multikulturelle Gesellschaft, so der Konsens unter den Teilnehmenden. Das Zusammentreffen verschiedener Ideen und Sichtweisen befördert Innovationen und Erfindungen, das bestätigt ein Beitrag aus der Netzwerkforschung.

Der Integrationsbegriff

Im weiteren Gespräch geht es um die grundlegende Frage einer definitorischen Herangehensweise an den Begriff Integration. Diverse Begriffsverständnisse fordern Wissenschaft und Praxis der Integrationsarbeit kontinuierlich heraus. Die lineare Vorstellung von Integration kann bei Nichterfüllung marginalisieren. Ein anderes Extrem versteht Integration als erfolgreich bei vollständiger Assimilation – das kann in einseitiger Akkulturation münden. Ein weiterer Ansatz spricht den Werten und Ansichten verschiedener Kulturen eine Daseinsberechtigung zu und fordert angepasste Entfaltungsmöglichkeiten. Wie der Begriff Integration gefasst wird, hat fundamentale Bedeutung für die Bereiche Wissenschaft, Kultur und Politik, die Handlungsanweisungen erarbeiten können, bevor die breite Gesellschaft den Begriff im nächsten Schritt aufnimmt, weiterverarbeitet und mit Leben füllt. Empathie und Verständnis für die Situation der Ankommenden kann dabei als guter Ratgeber dienen.

Andreas Pott, Professor für Sozialgeographie und Direktor des Instituts für Migrationsforschung und Interkulturelle Studien an der Universität Osnabrück, eröffnet seinen Impuls zur zweiten Session „Bleiben“ mit diesen Thesen: Der Integrationsbegriff ist veraltet und hilft wenig, tragfähige Konzepte künftiger migrationspolitischer Maßnahmen zu entwickeln. Der Migrationsbegriff ruft ebenfalls nach ablehnender Haltung, da er spaltet und zwischen einer Mehrheit und der Minderheit unterscheidet. Als Alternative bietet er den Begriff „Multi-Inklusionsrollen“ an, gerade weil dieser Terminus die unterschiedlichen Rollen, die Menschen im Alltag erfüllen, einbezieht.

Was würde aus einem Verzicht auf den Begriff Integration folgen? Ein Essentialismus, in dem Menschen nicht mehr zugeordnet werden können, sondern immer nur in verschiedenen und wechselnden, sozusagen fluiden Rollen gedacht werden. Die Teilnehmenden des Dialog-Cafés zeigen sich offen, den Integrationsbegriff zu hinterfragen und über in der Gesellschaft gebildete Kategorien nachzudenken. Angemerkt wird, dass sich Forschung über bestimmte gesellschaftliche Gruppen in einem Dilemma befindet. Die Nennung der Gruppen kann eine Trennung erzeugen, die unbeabsichtigt auf voneinander unabhängige, homogene Entitäten hindeutet. Ein Verzicht dieser Angaben genügt wiederum den wissenschaftlichen Ansprüchen nicht: ein Dilemma, wenn das Augenmerk zwar auf Inhalte gelegt werden soll, Kategorien der Unterscheidung allerdings in den Hintergrund rücken.

Die demographische Revolution und die Bedeutung des Lokalen

Die Begrifflichkeit des demographischen Wandels greift zu kurz. Die aktuellen Entwicklungen deuten, so Andreas Pott, eher auf eine demographische Revolution auf globaler Ebene hin. Allen voran haben Städte einen hohen Migrationsanteil, Mehrheiten bestehen zunehmend aus Minderheiten, ganz dem Modell der Majority-Minority-States in den Vereinigten Staaten folgend. Daraus kann gesellschaftliche Polarisierung resultieren, die Bildung neuer Identitäten zieht diese Entwicklung jedenfalls sicher nach sich.

Als eine Konsequenz wird das Lokale heutzutage verstärkt betont und gewinnt an Bedeutung. Junge Menschen identifizieren sich zunehmend mit der eigenen Stadt oder dem eigenen „Kiez“. Lokalpatriotismus wird durch das Tragen entsprechender Kleidung mit Logos oder bedruckten Taschen demonstriert. Man ordnet sich bestimmten Orten zu und trägt entsprechendes Zugehörigkeitsgefühl nach außen. Im Lokalen, im Greifbaren beginnt die Auseinandersetzung mit der eigenen Identität.

Sebastian Kurtenbach bestätigt, dass die Bedeutung des Lokalen steigt. Daraus entstehen jedoch Schattenseiten, wenn das Lokale instrumentalisiert und gegen Außenstehende geschützt werden soll. Die übertriebene Betonung des Lokalen kann außerdem zu einem Wettkampf der Zugehörigkeit führen, wie gegenwärtig in den USA zu beobachten, wo die Distanzierung eines eigens zugeschriebenen „Heartlands“ von den liberalen Eliten an den Küsten zu einer starken gesellschaftlichen Polarisierung beiträgt. Lokalpatriotismus zieht die Problematiken jeglicher Form der Abgrenzung nach außen mit sich und somit auch die Frage, wer Grenzen setzen und wer entscheiden darf, ob andere dazugehören oder nicht.

Lokale Identitäten können auch als ergänzende Identitäten auftreten. Diese Hybriden suggerieren, dass Menschen eine Vielzahl von Identitäten besitzen können. Daraus resultiert die Gelegenheit, Menschen zusammenzuführen und Beteiligungsstrukturen zu schaffen, die fruchtbar für den Austausch sind. Der Fokus gesellschaftlicher Debatten liegt dabei auf den Strukturen, die urbane Räume bieten können. Dabei vernachlässigt der Diskurs oft das Zusammenleben in ländlichen Regionen – ein wiederkehrender Kritikpunkt.

Identitätsbildende Prozesse im öffentlichen Raum

Identitätsbildung ist weder ein punktuelles Ereignis noch planbar von Anfang bis Ende, sondern eine kontinuierliche Aushandlung von Zugehörigkeit. Streit kann dabei produktiv sein. Oftmals ergeben sich diese Aushandlungsprozesse nicht, weil Menschen mit verschiedenen kulturellen Hintergründen sich per se nicht begegnen. Intermediäre können dazu beitragen, Beziehungen zwischen verschiedenen Gruppen zu ermöglichen und diese ins Gespräch zu bringen. Hingegen basiert die Zusammensetzung institutionalisierter Dialogformate als Raum der Begegnung, etwa in Form Runder Tische, oft auf Stereotypen, nur um Personen aus unterschiedlichen Gruppen bei Sitzungen zu involvieren. Als weitere Möglichkeit ist der öffentliche Raum gefragt, der Gelegenheiten zum Ausbrechen aus solchen fest verankerten Strukturen bietet, Sichtbarkeit erzeugt und im Gegensatz zu formalisierten Zusammenkünften kreativ Begegnungen ermöglicht.

Doch was meinen wir eigentlich, wenn wir von „öffentlichem Raum" sprechen. Ein Raum existiert nur dann als Ort, wenn Begegnung auf Augenhöhe stattfindet und die Akteure in Relation treten. Die gemeinsame Nutzung bedingt die Entstehung öffentlicher Räume. Deren Knappheit führt dazu, dass Ressourcen zwangsläufig geteilt werden müssen, wenn sich Menschen am gleichen Ort befinden. Besonders Dialoge dienen der Verstetigung dieser Räume, ein möglicher Perspektivwechsel durch die Auseinandersetzung mit Anderen kann einen Lerneffekt ermöglichen.

Öffentlicher Raum als Ort für Erinnerungskultur

Das Gespräch im Dialog-Café wendet sich der Frage zu, inwiefern öffentlicher Raum an die Geschichte von gesellschaftlichen Gruppen erinnern kann und soll, die prägend für die Entwicklung der Bundesrepublik waren oder sind. Das Verhältnis von Ost und West wird in Deutschland ausführlich aufgearbeitet, die Geschichte der Gastarbeiter findet in der öffentlichen Wahrnehmung dagegen kaum statt. Statuen und Denkmäler für Zuwanderinnen und Zuwanderer stellen die absolute Ausnahme dar. Vereinzelt tragen Arbeiten wie „L'Emigrante" am Volkswagen-Werk in Wolfsburg zur Sichtbarkeit der Gastarbeiter in der bundesdeutschen Historie bei und anerkennen ihre Leistung. Ganz allgemein zeichnen sich Orte der Erinnerung durch ihre Ambivalenz im Auge des Betrachters aus, gleich ob Statuen, die vergangene Migrationsbewegungen in den Vordergrund rücken, oder Stolpersteine, um innezuhalten und an die Opfer der NS-Zeit zu gedenken. So trägt die Ausgestaltung des öffentlichen Raumes dazu bei, Veränderungsprozesse anzustoßen.

Räumliche Mobilität: Weggehen, Zurückgehen, Weitergehen

Margit Fauser, Professorin für Migration, Transkulturalität und Internationalisierung in der Sozialen Arbeit an der Hochschule Darmstadt, legt in der dritten Session den Fokus ihres Impulsvortrags auf die Vielfalt von Bewegungen. Räumliche Mobilität hat sich für einen Großteil, vor allem hochqualifizierter Migrantinnen und Migranten, zu einer Selbstverständlichkeit entwickelt. Auch unter Bundesbürgerinnen und Bundesbürgern ist dieser Trend deutlich zu erkennen, wie die große Zahl an Auslandsaufenthalten im akademischen oder beruflichen Rahmen, touristische Aufenthalte, aber auch die hohe Abwanderung zeigen. Erstere werden zur Notwendigkeit in Ausbildung und Karriere, die Quote der Lern- und Arbeitsaufenthalte im Ausland steigt rapide. Auch Deutschland erfreut sich hoher Beliebtheit unter Expatriaten, die jedoch nach kurzer Zeit das Land meist wieder verlassen. Das „Gehen" steht fortan im Mittelpunkt des Impulses und der Diskussion im Dialog-Café „Vielfalt".

Soziale Vernetzungen, sowohl auf lokaler als auch auf transnationaler Ebene, werden oftmals langfristig aufrechterhalten. In einer zunehmend globalisierten Welt ist zu befürchten, dass Ortsbindungen tendenziell an Bedeutung verlieren und sich statt-

Somewheres
& Anywheres
David Goodhart

dessen mehr flüchtige und mobile Identitäten entwickeln. Doch inwiefern trifft die Erzählung der hochmobilen nomadischen Elite ohne territoriale Verankerung auf die hiesige Lebenswirklichkeit zu? Entgegen der Erwartung bleiben Räume durchaus von Bedeutung. Ankommende wählen ihren Aufenthaltsort anhand jener Kriterien, die in Einklang mit der eigenen Identität stehen. Dieses Konzept des „selective belongings" ermöglicht eine Eingliederung in die örtlichen Gepflogenheiten, ganz unabhängig von Land und Region. Die multilokalen Lebensweisen mit zwei oder mehreren räumlich entfernten Wohnorten nehmen zu, wobei das Maß der Freizügigkeit unmittelbar von der Mittelverfügbarkeit dieser Kohorte abhängt.

Multilokale Lebensweisen führen teilweise zu multiplen Ortsbezügen, wenn nicht nur in der Herkunftsregion, sondern auch an anderen Orten neue Vernetzungen entstehen. So kann für deutsche Auswanderinnen und Auswanderer, die an der türkischen Küste leben, die heimische Kultur ebenso als Bezugspunkt dienen wie lokale Codes und Strukturen. In diesen Fällen suchen sich Emigrantinnen und Emigranten Orte bewusst aus und entwickeln in der Folge eine Bindung zu Ort und Raum. Dadurch eignen sie sich den Raum gewissermaßen an und transformieren ihn in eine Arena der Aushandlung. Wie verhält es sich bei Menschen, die zunächst auswandern oder emigrieren und anschließend aufgrund der Rechtslage den Ankunftsort wieder verlassen müssen? Dann sind die sich bildenden Ortsidentitäten nur von kurzer Dauer, können aber im öffentlichen Raum dazu beitragen, dass sich Ankommende unmittelbarer heimisch und willkommen fühlen.

Gated Communities als homogene Räume

Expatriates sind als hochmobile Gruppe auf der ganzen Welt ansässig. Sie erhalten Beziehungen nach Hause aufrecht, bauen allerdings auch neue Kontakte zu gleichgesinnten Menschen vor Ort auf. Sie sind nach David Goodhart die „Anywheres", im Gegensatz zu jenen, die aus unterschiedlichen Gründen immer an einem Ort geblieben sind. In diesem Zusammenhang sieht Margit Fauser sowohl die Notwendigkeit, sich in homogene Räume zurückziehen zu können als auch zu einer Vielfalt von Räumen Zugang zu haben. Dabei misst sich die Öffentlichkeit an der Zugänglichkeit von Räumen. Raum, so die Impulsgeberin, soll global gedacht und in den Dialog gebracht werden.

Nach welchen Kriterien wählen Hochqualifizierte ihren Lebensmittelpunkt? Vermehrt in Gated Communities, wo abgesperrte Areale Sicherheit und Abgrenzung von der Außenwelt versprechen. Deren Bewohnerinnen und Bewohner müssen diesen Bereich nicht notwendigerweise verlassen, etwa um Freizeitangebote wahrzunehmen. Finden sich in Deutschland derartige halböffentliche Räume in signifikantem Umfang? Anders als in der Ausprägung des amerikanischen Modells, das ganze Viertel umfasst, existiert Wohnen in geschlossenen Gesellschaften hier bislang vorwiegend in Form einzelner Anlagen. Insgesamt scheinen diese Abschottungstenden-

zen in Europa weniger dominant zu sein. Sebastian Kurtenbach ergänzt, dass Gated Communities vor allem in Kontexten hoher sozialer Ungleichheit und als prekär empfundener Sicherheitslage entstehen. Im Umkehrschluss stellt diese Entwicklung allerdings ein Hindernis für die Ausbildung einer gemeinschaftlichen Identität oder Bürgergesellschaft dar.

Reflexionen zur Migrationsforschung

In der Migrationsforschung spielt die Auseinandersetzung mit der Wanderung Hochqualifizierter bisher eine untergeordnete Rolle. Im Gegensatz dazu sind Minderheiten mit niedrigem sozial-ökonomischen Status häufiger Thema von wissenschaftlichen Studien, obwohl die Herausforderungen im Ankunftsland nicht signifikant voneinander abweichen, trotz größerer Ressourcen zur Überbrückung von Komplexitäten auf Seiten der Hochqualifizierten. Vor Diskriminierungserfahrungen sind Migrantinnen und Migranten, ganz unabhängig von ihrem sozialen Stand, nicht gefeit. Der Unterschied liegt in der medialen Aufmerksamkeit und öffentlichen Nachfrage, die wissenschaftlichen Studien zu hochqualifizierter Einwanderung beigemessen wird. Wissenschaftliche Forschung zu Delinquenz von Migranten erscheint als Forschungsgegenstand oftmals deutlich interessanter, speziell in der Presseberichterstattung spiegelt sich das wider. Weniger signifikante empirische Ergebnisse verschwinden trotz brisanter Effekte, unter der Einbeziehung bestimmter Kontrollvariablen. Sie bleiben jedoch ein wichtiger Bestandteil wissenschaftlicher Arbeit. Es ist an den Kolleginnen und Kollegen der Migrationsforschung, gesichertes Wissen, das zwar in Policy Statements berücksichtigt wird, auch der breiten Öffentlichkeit als klar verdauliche Botschaft zu übermitteln.

Resümee

Sebastian Kurtenbach, bis 2019 Mitglied des Kleinen Konvents der Schader-Stiftung als kooptiertes Mitglied der nächsten akademischen Generation, schildert den Verlauf der drei Runden des Dialog-Cafés und zieht ein Resümee:

In der Session „Kommen" skizzierte Klaus-Dieter Altmeppen die breiten Herausforderungen der Einwanderungsgesellschaft und stellte die klassische und zugleich aktuelle Frage, wie Integration gelingen könne, wenn nicht alle Seiten bereit seien, sich zu „bewegen". Um diese zentral gesetzte Frage baute sich dann auch eine Argumentation auf, die verschiedene Teilhabebarrieren für Zuwanderinnen und Zuwanderer, ob in Bezug auf Bildung, Gesundheitsversorgung oder Wohnen, beleuchtete. Hieran schloss sich eine Diskussion an, welche betonte, dass Vielfalt medial noch zu wenig abgebildet würde und bei einer zu sehr auf ethnische Gesichtspunkte fokussierten Debatte soziale Vielfalt zugleich aus dem Blick gerät. Auch setzt sich nur zögerlich ein Bewusstsein des Potenzials von Vielfalt durch, beispielsweise in der Produktion von Innovationen.

Andreas Pott stellte in der Session „Bleiben" vier Thesen vor, welche zugleich die Entwicklung Deutschlands zum Einwanderungsland skizzieren. Erstens erleben wir eine demographische Revolution, die sich in einer zunehmend herkunftsbezogenen Diversifizierung, besonders der Stadtbevölkerung, niederschlägt. Denn allen voran Städte haben einen hohen Migrationsanteil und Mehrheiten bestehen dort zunehmend aus Minderheiten. Daraus kann gesellschaftliche Polarisierung resultieren, die Bildung neuer Identitäten zieht diese Entwicklung jedenfalls sicher nach sich. Zweitens, und eng an Richard Sennett angelehnt, gewinnt das Lokale an Bedeutung, vor allem in der Identitätskonstruktion von Zuwanderinnen und Zuwanderern. Drittens sei der Integrationsbegriff obsolet, da er mehr spaltend als integrierend wirkt und ein „drinnen" und „draußen" produziert. Viertens bedarf es einer erhöhten Aufmerksamkeit auf Prozesse, die Zugehörigkeit schaffen. Diese Impulse wurden in der Diskussion aufgegriffen und die Idee entwickelt, auf der kommunalen Ebene Integrationsbeauftragte durch Dialogbeauftragte abzulösen.

Margit Fauser diskutierte in der dritten Session „Gehen" die Frage der Mobilität, denn sie gewinnt biographisch immer stärker an Bedeutung. Das ist allerdings nicht mehr nur alleine an einzelne Gruppen, wie hochmobile Eliten, gebunden, sondern auch an Räume, die mehr sind als Begegnungsplattformen. Sie werden, in Anlehnung an die Überlegungen zur reflexiven Moderne, zu Teilen eines Prozesses der Selbstbestimmung, wodurch multiple Ortsbezüge, zum Beispiel durch symbolische transnationale Verbindungen, organisiert werden. Dadurch werden neue Möglichkeiten erschlossen, da mit Ortsbindungen auch Wege der Lebensführung einhergehen, wobei sie funktionalistisch aufgespalten sind.

6 Biogramme der Teilnehmenden

Prof. Dr. Gabriele Abels, geboren 1964, ist seit 2007 Professorin für Politische Systeme Deutschlands und der EU sowie Europäische Integration an der Universität Tübingen. Seit 2011 ist sie Jean-Monnet-Professorin. Abels studierte Politikwissenschaft, Soziologie und Englische Philologie an der Universität Marburg. Sie ist Mitherausgeberin der „femina politica – Zeitschrift für feministische Politikwissenschaft" und war von 2012 bis 2015 Vorsitzende der Deutschen Vereinigung für Politische Wissenschaft. Gabriele Abels war von 2013 bis 2019 Mitglied des Kleinen Konvents der Schader-Stiftung.

Tina Adomako ist freiberufliche Journalistin mit den Schwerpunkten Kultur, Entwicklung und Umwelt sowie Inhaberin einer Text- und PR-Agentur in Düsseldorf mit Fokus auf entwicklungspolitischen Themen. Sie studierte English Literature, French and African Studies an der University of Ghana sowie Germanistik und Romanistik an der Universität Freiburg, war dann als Redakteurin bei Medienunternehmen, darunter als internationale Pressereferentin, tätig. Seit 2016 arbeitet sie zudem als Fachpromotorin für interkulturelle Öffnung im „Promotor*innenprogramm" des Eine Welt Netz NRW e.V.

Peter Allmann, geboren 1967, ist Referent für Hochschulförderung an der Universität Freiburg. Nach einem Studium der Kunstgeschichte in Köln und einer Ausbildung zum Fundraising-Manager arbeitete er im Bereich Fördermittelmarketing am Museum Ludwig in Köln, an der Hochschule für Musik, Theater und Medien in Hannover und für die documenta in Kassel.

Prof. Dr. Klaus-Dieter Altmeppen, geboren 1956, ist Professor für Journalistik an der Katholischen Universität Eichstätt-Ingolstadt. Von 2010 bis 2014 war Altmeppen Vorsitzender der Deutschen Gesellschaft für Publizistik- und Kommunikationswissenschaft. Seit November 2016 ist er Co-Leiter des Zentrums für Ethik der Medien und der digitalen Gesellschaft und seit April 2017 Leiter des Zentrums Flucht und Migration der Katholischen Universität Eichstätt-Ingolstadt. Altmeppen war von 2014 bis Herbst 2019 Mitglied des Kleinen Konvents der Schader-Stiftung und dessen Sprecher.

Katharina Apfelbaum, geboren 1997, war von Januar bis März 2019 Praktikantin der Schader-Stiftung. Seit 2015 studiert sie Politikwissenschaft und Wirtschaftswissenschaften an der Johannes Gutenberg-Universität in Mainz. 2017 verbrachte sie ein Semester an der University of Lincoln, England. Zudem arbeitet Katharina Apfelbaum im Institut für Arbeitsfähigkeit in Mainz und beim Bundesinstitut für Bevölkerungsforschung in Wiesbaden. Sie steht kurz vor ihrem Bachelorabschluss.

Dr. Ingo Augustin, geboren 1962, ist Physiker und arbeitet gegenwärtig im Stab der wissenschaftlichen Geschäftsführung der Anlage für Antiprotonen und Ionen Forschung (FAIR) in Darmstadt. Dort betreut er die internationale politische Zusammenarbeit. Augustin studierte und promovierte an der Technischen Universität Karlsruhe. Danach forschte er an den Universitäten Siegen und Mainz als Teilchenphysiker. Nach einem siebenjährigen Forschungsaufenthalt am europäischen Kernphysik-Zentrum CERN trat er 2004 dem FAIR Project bei.

Maike Axenkopf, geboren 1987, ist Historikerin und als Bildungsreferentin für die „Tage ethischer Orientierung" beim Bund der Deutschen Katholischen Jugend in Berlin tätig. Sie arbeitet zurzeit an ihrer Dissertation zu der Politisierung der Evangelischen Studentengemeinden in Westdeutschland während der Studentenbewegung der 1960er und 70er Jahre. Daneben engagiert sie sich im openhistory e.V. und wirkt an der Organisation des histocamp2019 mit. Sie studierte Geschichte und Anglistik mit den Abschlüssen Magister und Erstes Staatsexamen an den Universitäten Trier und Cork.

Dr. Peter Bartelheimer, geboren 1954, ist Research Fellow am Soziologischen Forschungsinstitut Göttingen (SOFI) e.V. der Georg-August-Universität, an dem er zahlreiche Evaluations- und Forschungsprojekte leitete. Er studierte Soziologie, war Referent der Grünen im Hessischen Landtag und promovierte an der Johann Wolfgang Goethe-Universität Frankfurt. Bartelheimer koordinierte das Verbundprojekt Sozioökonomische Berichterstattung, leitete ein Projekt zur Vorbereitung eines Sozialmonitorings für das Forum Flughafen Frankfurt und Region und arbeitet im Aktionsbündnis Teilhabeforschung.

Andrea Bartl, geboren 1970, ist seit 2018 kaufmännische Geschäftsführerin der Stiftung Lesen. Sie studierte Betriebswirtschaft an der EBS Universität für Wirtschaft und Recht in Oestrich-Winkel, an der École Supérieure de Commerce de La Rochelle in Frankreich und an der University of California in Berkeley, USA. Von 2007 bis 2017 war Andrea Bartl Geschäftsführerin der START-Stiftung gGmbH, eines Schülerstipendienprogramms für engagierte Jugendliche mit Migrationshintergrund der Gemeinnützigen Hertie-Stiftung. Andrea Bartl ist seit 2019 Mitglied im Stiftungsrat der Schader-Stiftung.

Dr. Klaus Bartl leitet seit 2002 das diakonische Unternehmen „Mission Leben" in Darmstadt. Davor war der promovierte Theologe Gemeindepfarrer, Referent des Kirchenpräsidenten der Evangelischen Kirche in Hessen und Nassau sowie Manager bei einer Unternehmensberatung. Klaus Bartl kümmert sich als Sprecher der Geschäftsführung um die Unternehmensentwicklung und um soziale Innovation. Er ist Begründer und Mitentwickler des Innovationslabors LaDU – Labor für Diakonisches Unternehmertum im Jahr 2013 sowie dessen heutiger Weiterentwicklung INTRA Lab – Labor für soziales Unternehmertum.

Carsten Bellartz, geboren 1971, ist seit 2001 Syndikusrechtsanwalt der Döhler Gruppe, eines weltweit tätigen Darmstädter Familienunternehmens der Lebensmittelindustrie, seit 2004 leitet er dort die Rechtsabteilung. Nach dem Jurastudium an der Rheinischen Friedrich-Wilhelms-Universität in Bonn und dem Referendariat an den Oberlandesgerichten Bamberg und München war er Trainee bei der Wüstenrot & Württembergischen AG in Stuttgart, bevor er zu Döhler wechselte. Er ist Mitglied des Marketingbeirats der Wissenschaftsstadt Darmstadt und Beirat der Industrial Science GmbH in Darmstadt.

Monika Berghäuser, geboren 1955, ist Wissenschaftliche Mitarbeiterin der Schader-Stiftung mit dem Schwerpunkt Redaktion der Zeitschriften und sonstigen Publikationen. Nach dem Studium der Rechtswissenschaften, Soziologie und Politikwissenschaft an der Justus-Liebig-Universität Gießen war sie als Korrektorin für wissenschaftliche Texte tätig.

Dr. Michèle Bernhard, geboren 1984, ist seit 2019 Wissenschaftliche Referentin der Schader-Stiftung im Projekt „Systeminnovation für Nachhaltige Entwicklung (s:ne)". Sie studierte Soziologie an der Technischen Universität Darmstadt und promovierte zur Eigenlogik der Städte unter dem Aspekt der Partizipation. Daneben war sie als Volontärin der Schader-Stiftung tätig. Von 2013 bis 2019 arbeitete sie als Wissenschaftliche Mitarbeiterin bei der Koordinierungsstelle Bürgerbeteiligung der Stadt Heidelberg. Schwerpunkt war die Umsetzung der „Leitlinien für mitgestaltende Bürgerbeteiligung".

Martin Blach, geboren 1975, ist seit 2008 Vorstand der Stiftung Kloster Eberbach, derzeit ihr Vorsitzender. Er studierte Katholische Theologie, Medien und öffentliche Kommunikation an der Philosophisch-Theologischen Hochschule Sankt Georgen in Frankfurt am Main und in Boston. Anschließend arbeitete er unter anderem in der Hessischen Staatskanzlei in Wiesbaden und der Hessischen Landesvertretung in Berlin. Blach gehört dem Aufsichtsrat des Weinguts Kloster Eberbach an und ist Mitglied im Kuratorium des Rheingau Musik Festivals.

Prof. Dr. Wolfgang Bonß, geboren 1952, ist seit 2012 einer von zwei Sprechern des Forschungszentrums RISK an der Universität der Bundeswehr München. Dort war er von 1995 bis 2019 Professor für Allgemeine Soziologie. Von 1999 bis 2009 war er stellvertretender Sprecher des DFG-Sonderforschungsbereichs 536 „Reflexive Modernisierung". Bonß studierte Soziologie, Politologie, Germanistik und Geschichte in München. Er habilitierte sich an der Universität Bremen. Seine Schwerpunkte sind Risiko und Unsicherheit, Modernisierungsforschung, Arbeit und Arbeitslosigkeit sowie soziologische Theorie.

Prof. Dr. Lothar Brock, geboren 1939, ist seit 2004 Senior-Professor an der Goethe-Universität Frankfurt mit den Schwerpunkten Völkerrecht und Internationale Politik. Zuvor hatte er dort seit 1979 im Bereich Internationale Beziehungen gelehrt. Seit 2006 ist er Assoziierter Forscher am Leibniz-Institut Hessische Stiftung Friedens- und Konfliktforschung (HSFK), von 1981 bis 2004 war er Forschungsgruppenleiter an der HSFK. Er studierte Politikwissenschaft, Neuere Geschichte und Öffentliches Recht und war dann bei der Interamerikanischen Menschenrechtskommission in Washington, D.C. tätig.

Prof. Dr.-Ing. Ralph Bruder, geboren 1963, ist seit 2014 Vizepräsident für Studium, Lehre und wissenschaftlichen Nachwuchs der Technischen Universität Darmstadt (TUD) sowie Professor für Arbeitswissenschaft. Seit 2006 leitet er das Institut für Arbeitswissenschaft an der TUD, wo er auch studierte und promovierte. Ab 1996 war er Professor für Ergonomie im Design an der Universität Duisburg-Essen und bis 2005 Institutsleiter für Ergonomie und Designforschung. Bruder war Gründungspräsident der design school zollverein und ab 2004 Präsident der Zollverein School of Management and Design.

Friederike von Bünau ist seit 2006 Geschäftsführerin der EKHN Stiftung. Dort initiiert und fördert sie Projekte im Dialog von Kirche und Gesellschaft. Sie hat Wirtschaftswissenschaften studiert und für die Deutsche Lufthansa, danach für die Deutsche Bank im In- und Ausland gearbeitet. Im Bundesverband Deutscher Stiftungen ist sie Mitglied des Vorstands und Leiterin des „Arbeitskreises Frauen und Stiftungen". Außerdem ist sie Vorstandsmitglied der Initiative Frankfurter Stiftungen und seit 2016 als Dozentin für Stiftungsmanagement an der European Business School Oestrich-Winkel tätig.

Thomas Busch, geboren 1957, ist Rechtsanwalt in Mainz mit Schwerpunkt Migrationsrecht sowie Magister der Verwaltungswissenschaften und Lehrbeauftragter an der Johannes Gutenberg-Universität Mainz im Bereich Weiterbildung für Beratende der Refugee Law Clinic Mainz e.V. Thomas Busch gehört der Rechtsberaterkonferenz der mit den Wohlfahrtsverbänden und UNHCR zusammenarbeitenden Rechtsanwältinnen und Rechtsanwälte an. Seit 1999 ist er Vorsitzender der Mainzer Bibliotheksgesellschaft.

Prof. Dr. Naime Çakır-Mattner, geboren 1969, ist Professorin für Islamische Theologie mit dem Schwerpunkt muslimische Lebensgestaltung an der Justus-Liebig-Universität Gießen. Sie studierte Sozialpädagogik, Islamische Religionswissenschaft und Christlich-Jüdische Religionswissenschaft sowie Pädagogik. Nach ihrer Promotion im Fach Soziologie war sie Wissenschaftliche Mitarbeiterin am Institut für Studien der Kultur und Religion des Islam der Goethe-Universität Frankfurt. Ihre Schwerpunkte sind unter anderem Islamische Sozialethik und Soziale Arbeit, Migration, Gender und Religion.

Prof. Dr. Georg Cremer, geboren 1952, war von 2000 bis 2017 Generalsekretär und Vorstand Sozialpolitik des Deutschen Caritasverbandes. Seit 1999 ist er außerplanmäßiger Professor für Volkswirtschaftslehre an der Universität Freiburg. Von 1998 bis 2015 war Cremer zudem Lehrbeauftragter an der Eidgenössischen Technischen Hochschule Zürich. Er studierte Volkswirtschaftslehre sowie Pädagogik in Freiburg, promovierte 1983 und habilitierte sich 1992. Von 1986 bis 1989 war Cremer in der Entwicklungszusammenarbeit in Indonesien und von 1990 bis 1999 bei Caritas international tätig.

Prof. Dr. Nicole Deitelhoff, geboren 1974, ist Direktorin des Leibniz-Instituts Hessische Stiftung Friedens- und Konfliktforschung und zugleich seit 2009 Professorin für Internationale Beziehungen und Theorien globaler Ordnungen an der Goethe-Universität Frankfurt am Main. Sie studierte Politikwissenschaft, Rechts- und Wirtschaftswissenschaften, promovierte 2004 an der Technischen Universität Darmstadt und war unter anderem als Forschungsprofessorin in Bremen und Gastprofessorin in Jerusalem tätig. Sie erhielt 2017 den Schader-Preis und ist Mitglied im Senat der Schader-Stiftung.

Dr. Alexander Deppert, geboren 1968, ist Schriftsteller, Erfinder des Science Slam und als Lehrer an einer Beruflichen Schule tätig. Deppert studierte Psychologie an der Technischen Universität Darmstadt und an der Goethe-Universität Frankfurt am Main. An der Technischen Universität Darmstadt promovierte er im Jahr 2000 zum Thema „Verstehen und Verständlichkeit wissenschaftlicher Texte". Als Organisator und Teilnehmer von Science Slams tritt er unter dem Künstlernamen Alex Dreppec auf und hat Lyrik auf allen fünf Kontinenten veröffentlicht.

León Díaz-Bone, geboren 1994, ist ein internationaler Urban Policy and Design Strategist. Als Assistent der Geschäftsführung des globalen Netzwerks ICLEI – Local Governments for Sustainability arbeitet er mit Kommunen und Regionen zu Fragen einer nachhaltigen Zukunft. In vorherigen Tätigkeiten beriet er unter anderem einen Londoner Stadtteil im Bereich Gesundheit im urbanen Raum und die Stadt Barcelona zu integrierter Stadtplanung. Er studierte Liberal Arts and Sciences am University College Maastricht und ist Absolvent des Cities Masterprogramms der London School of Economics.

Prof. Dr. Thomas Döbler, geboren 1958, ist seit 2007 Professor für Medienmanagement an der Hochschule Macromedia in Stuttgart. Er studierte Soziologie, Psychologie und Volkswirtschaftslehre an der Ludwig-Maximilians-Universität München und promovierte im Fach Ökonomie an der Universität Hohenheim, wo er anschließend als Wissenschaftlicher Assistent tätig war. 1998 übernahm er dort die Studienleitung der Forschungsstelle für Medienwirtschaft und Kommunikationsforschung. 2005 wurde er Leiter der IT- und Medienforschung der MFG Stiftung Baden-Württemberg.

Dr. Helge Döring, geboren 1979, ist seit 2018 Wissenschaftlicher Mitarbeiter im Projekt „Krisen-Dialog-Zukunft" am Fachbereich Sozialwesen der Fachhochschule Münster. Er studierte Wirtschafts- und Sozialwissenschaften an der Technischen Universität Dortmund. 2015 promovierte er an der Technischen Universität Dortmund zum Thema „Wissensmanagement in Familienunternehmen". Seine Lehr- und Forschungsschwerpunkte sind Konfliktforschung und soziale Ungleichheit. Döring engagiert sich ehrenamtlich in der Neven Subotic Stiftung, die Trinkwasserprojekte in Äthiopien fördert.

Dr. Christof Eichert, geboren 1953, ist seit 2017 Mitglied des Vorstands der Schader-Stiftung. Der promovierte Jurist war von 1985 bis 2003 in Baden-Württemberg Bürgermeister und Oberbürgermeister. Anschließend war er in der Geschäftsleitung der Bertelsmann Stiftung und der Gemeinnützigen Hertie-Stiftung tätig. Von 2007 bis 2010 war Eichert Abteilungsleiter im Ministerium für Generationen, Familie, Frauen und Integration des Landes Nordrhein-Westfalen und bis 2016 Geschäftsführender Vorstand der Herbert Quandt-Stiftung. Seit 2014 ist Eichert Mitglied im Stiftungsrat der PwC-Stiftung.

Tom Eilers, geboren 1970, ist Rechtsanwalt, Fachanwalt für Urheber- und Medienrecht sowie für Arbeitsrecht und Partner der Kanzlei Baumann & Baumann PartmbB. Seit 2006 ist er Sportmanager und seit 2011 Präsidiumsmitglied des Fußballvereins SV Darmstadt 98. Er studierte Rechtswissenschaften in Frankfurt und Mainz und erwarb den Abschluss Master of Laws in Mainz. Von 1989 bis 2001 war er als Profi-Fußballspieler aktiv. Aktuell ist er Vorsitzender des Ausschusses für die 3. Liga des Deutschen Fußball Bundes (DFB) e.V. und Mitglied des Lehrstabes für die Fußballlehrerausbildung des DFB.

Dr. Charis Eisen ist Psychologin und Wissenschaftliche Mitarbeiterin im Projekt „Systeminnovation für Nachhaltige Entwicklung (s:ne)" der Hochschule Darmstadt, an dem unter anderem die Schader-Stiftung als Projektpartner mitwirkt. Im Teilvorhaben „s:ne Bürgerpanel" führt sie regelmäßig theoriegestützte Befragungen zu Verhaltensweisen, Meinungen und Wünschen der Bürgerinnen und Bürger durch. Sie promovierte an der Universität Kobe. Ihre Forschungsschwerpunkte sind Umweltpsychologie, kulturelle Psychologie und Sozialpsychologie.

Selver Erol, geboren 1962, ist seit 2002 Leiterin des Integrationsbüros des Kreises Offenbach und für die strategisch-konzeptionelle Ausrichtung der Integrationsarbeit zuständig. Zudem ist sie in der Projektarbeit tätig und leitet diverse Bildungsprojekte. Sie ist ehrenamtlich sozialpolitisch aktiv und engagiert sich auf dem Gebiet der Menschenrechte. Selver Erol studierte Sozialarbeit und Pädagogik. Ihre Schwerpunkte im Bereich der Migrationsberatung sind Frauen-, Alten- und Stadtteilarbeit. Sie ist Mitglied im Fachbeirat Integrationspotenziale der Schader-Stiftung.

Dr. Nicholas Eschenbruch, geboren 1972, ist Wissenschaftsmanager, Kulturanthropologe und seit 2016 Geschäftsführer des Centre for Security and Society (CSS) an der Albert-Ludwigs-Universität Freiburg. Er studierte Neuere Geschichte und Islamwissenschaft in Freiburg, Oxford und Istanbul und promovierte 2003 an der Humboldt-Universität zu Berlin im Fach Europäische Ethnologie. Es folgten Stationen in Forschung und Lehre an den Universitäten Freiburg und Augsburg. Von 2011 bis 2015 war er Director of Education des University College Freiburg.

Dr. Terenzio Facchinetti, geboren 1953, hatte vor seinem Ruhestand leitende Funktionen für globale Unternehmen im Bereich der medizinischen Diagnostik inne. Er promovierte in Mailand in Pharmazie und war anschließend in der internationalen pharmakologischen Forschung tätig. Terenzio Facchinetti war 2017 Mitgründer von „Pulse of Europe Darmstadt“. Er engagiert sich in der Flüchtlingshilfe und ist Vorsitzender des Fördervereins Aktivspielplatz Herrngarten. Als Experte unterstützte er das Erwachsenenbildungsprojekt „Bildung. Netz.Politik“.

Prof. Dr. Margit Fauser, geboren 1972, ist seit 2019 Professorin für Migration, Transkulturalität und Internationalisierung in der Sozialen Arbeit an der Hochschule Darmstadt. Sie studierte Soziologie, Politikwissenschaft und Romanische Philologie in Heidelberg, Barcelona und Hamburg und war an der Universität Bielefeld tätig. Ihre Forschungsgebiete sind unter anderem Migration und Transnationalisierung, Stadt- und Raumsoziologie sowie Soziale Ungleichheiten. Seit 2018 leitet Margit Fauser das Forschungsprojekt „Die Entstehung urbaner Grenzräume in Europa“.

Prof. Dr. Sandra Fietkau, geboren 1980, ist Professorin für Theorie und Praxis der Sozialen Arbeit mit Schwerpunkt Inklusion an der Evangelischen Hochschule Ludwigsburg. Sie studierte Sozialarbeit/-pädagogik an der Fachhochschule Lausitz in Cottbus sowie General Management an der Steinbeis Hochschule Berlin und promovierte 2016 an der Universität Tübingen zu Unterstützungskreisen für Menschen mit Behinderung im internationalen Vergleich. Fietkau ist zudem als Supervisorin und Coach tätig. Ihre Schwerpunkte sind Inklusion und Teilhabe von Menschen mit Behinderungserfahrung.

Saskia Flegler, geboren 1990, ist seit 2018 Wissenschaftliche Referentin der Schader-Stiftung und verantwortet unter anderem die „Darmstädter Tage der Transformation“. Sie studierte an der Julius-Maximilians-Universität Würzburg Political and Social Studies. Anschließend absolvierte sie den Masterstudiengang Governance und Public Policy an der Technischen Universität Darmstadt. 2017 war sie zunächst Praktikantin, anschließend Wissenschaftliche Mitarbeiterin der Schader-Stiftung und vor ihrer Elternzeit unter anderem im Projekt „Systeminnovation für Nachhaltige Entwicklung (s:ne)“ tätig.

Prof. Ulrike Franke, geboren 1974, ist Diplom-Ingenieurin und Inhaberin eines Architekturbüros. Zudem ist sie als Lehrbeauftragte und Vertretungsprofessorin tätig, aktuell für das Lehrgebiet Stadt, Gebäude und Entwerfen an der Hochschule Darmstadt. Ulrike Franke studierte Architektur an der Bauhaus-Universität Weimar und war dort Wissenschaftliche Mitarbeiterin an der Professur für Entwerfen und Gebäudelehre. In ihrer Arbeit als Architektin liegt ihre Aufmerksamkeit besonders auf der Schnittstelle zwischen privatem und öffentlichem Raum im Kontext Nachbarschaft, Quartier und Gesamtstadt.

Verena Fries, geboren 1985, ist Diplom-Soziologin und seit 2012 bei der Schader-Stiftung in Darmstadt tätig, seit 2013 als Assistentin des Stifters. Sie studierte an der Technischen Universität Darmstadt Soziologie mit dem Schwerpunkt Bildung und Macht. Verena Fries war inhaltlich zuletzt verantwortlich für das Thema Öffentliche Wissenschaft und befindet sich bis Dezember 2019 in Elternzeit.

Prof. Dr.-Ing. Birte Frommer, geboren 1974, ist seit 2014 Professorin für Raum- und Umweltplanung an der Hochschule Darmstadt (h_da). Zudem leitet sie das Teilvorhaben „Zukunftsorientierte Stadtentwicklung" im Projekt „Systeminnovation für Nachhaltige Entwicklung (s:ne)" an der h_da, an dem unter anderem die Schader-Stiftung als Partner mitwirkt. Frommer studierte Geographie, Geologie und Landschaftsplanung an der Technischen Universität Darmstadt und der Goethe-Universität Frankfurt und war unter anderem als Projektleiterin im Planungsbüro INFRASTRUKTUR & UMWELT tätig.

Dr. Jens Geisse, geboren 1983, ist seit 2019 als Wissenschaftlicher Mitarbeiter für Qualifikationen in der Tutoriellen Lehre am Fachbereich Informatik der Technischen Universität Darmstadt zuständig. Seine Arbeitsschwerpunkte liegen im Bereich der Philosophie des Digitalen und der Informatik sowie in der interdisziplinären Zusammenarbeit in Forschung und Lehre. Jens Geisse studierte Soziologie und Informatik in Freiburg, Marburg und Darmstadt. 2019 promovierte er zum Dr. phil. im Bereich Technikphilosophie.

Alexander Gemeinhardt, geboren 1973, ist seit 2013 Geschäftsführender Vorstand und Direktor des Stiftungszentrums der Schader-Stiftung. Er studierte Sozialwesen und Soziale Verhaltenswissenschaften. Von 2000 bis 2003 war er Geschäftsführer des Evangelischen Bundes, anschließend Geschäftsführer und Referent für Publizistik des Konfessionskundlichen Instituts in Bensheim. Gemeinhardt vertritt die Schader-Stiftung in diversen Beiräten. Er gehört der Deutschen Akademie für Städtebau und Landesplanung und der Deutschen Gesellschaft für Publizistik- und Kommunikationswissenschaft an.

Dr. Wolfgang Gern, geboren 1951, war von 2000 bis 2016 Vorstandsvorsitzender der Diakonie Hessen und von 2007 bis 2011 Sprecher der Nationalen Armutskonferenz. Nach Theologiestudium und Promotion war er Hochschulassistent in Heidelberg und Gemeindepfarrer. Er arbeitete als Flüchtlingshelfer in Laos und Kambodscha, studierte dann als Postgraduate in Bangalore, Indien. Gern lehrt an protestantischen Universitäten in Ruanda, Indonesien und auf den Philippinen sowie in Mainz. Er ist Mitglied im Fachbeirat Integrationspotenziale der Schader-Stiftung.

Claus Gilke, geboren 1954, Diplom-Volkswirt, ist im Ruhestand als Autor tätig. Seine Themenschwerpunkte sind die wirtschaftlichen und gesellschaftlichen Folgen der Digitalisierung für die Arbeitswelt. Claus Gilke war bis Februar 2019 Geschäftsbereichsleiter Informationsmanagement bei der Industrie- und Handelskammer (IHK) Darmstadt. Zuvor leitete er dort den Geschäftsbereich Aus- und Weiterbildung.

Prof. Dr. Michael Göring ist seit 2005 Vorsitzender des Vorstands der ZEIT-Stiftung Ebelin und Gerd Bucerius sowie Autor. Er studierte Anglistik, Geographie, Amerikanistik und Philosophie, promovierte dann in München. Nach Stationen bei der Studienstiftung des deutschen Volkes und der Alfried Krupp von Bohlen und Halbach-Stiftung war er seit 1997 geschäftsführendes Vorstandsmitglied der ZEIT-Stiftung. Von 2014 bis 2018 war Göring Vorstandsvorsitzender des Bundesverbandes Deutscher Stiftungen. Seit 2001 lehrt er das Fach Stiftungswesen an der Hochschule für Musik und Theater in Hamburg.

Kerstin Gralher, geboren 1968, ist seit 2012 Kulturbeauftragte der Evangelischen Kirche von Westfalen und Studienleiterin für Kunst, Kultur und Interkultur an der Evangelischen Akademie Villigst. Unter anderem ist sie für die Veranstaltungskonzeption und Medienarbeit in den Bereichen Bildung, Kunst, Gesellschaft und Zeitgeschichte zuständig. Zuvor war sie als freiberufliche Kulturmanagerin für Kommunen, Orchester, Ensembles, Künstler und Museen tätig. Nach einer journalistischen Ausbildung studierte sie Musikwissenschaft, Geschichte und Anglistik in Bochum und Newcastle upon Tyne.

Dr. Franz Grubauer, geboren 1953, ist Leiter der Evangelischen Stadtakademie Darmstadt. Bis 2018 war er als Oberkirchenrat verantwortlich für das Referat für Sozialforschung und Statistik der Evangelischen Kirche in Hessen und Nassau. Zuvor war Grubauer Generalsekretär der Evangelischen Akademien in Deutschland. Er gehörte der Präsidialversammlung des Deutschen Evangelischen Kirchentags an und lehrte am Institut für Soziologie der Technischen Universität Darmstadt. Zudem ist er seit 2018 Geschäftsführer des Synopsis-Instituts für personale Kompetenzen und Organisationsentwicklung.

Albrecht Haag, geboren 1970, ist Fotograf, Kulturmanager und seit 2019 Mitarbeiter im Kunstforum der Technischen Universität Darmstadt. Er studierte Kommunikationsdesign und war als freier Fotograf und Designer sowie für die „RAY Fotografieprojekte Frankfurt/RheinMain" als Projektleiter tätig. Haag ist Mitgründer und Leiter der Darmstädter Tage der Fotografie sowie Mitinitiator der Plattform „Kultur einer Digitalstadt". Er engagiert sich im Verein Unwort Bilder, der zuletzt das Unwort des Jahres 2018 „Anti-Abschiebe-Industrie" visualisierte und 2019 im Schader-Forum präsentierte.

Prof. Anselm Hager Ph.D., geboren 1988, ist seit 2019 Juniorprofessor für Internationale Politik an der Humboldt-Universität zu Berlin. Er studierte an der London School of Economics und promovierte sich 2017 an der Columbia University, New York, war dann Juniorprofessor an der Universität Konstanz. Er ist Gastwissenschaftler am Wissenschaftszentrum Berlin für Sozialforschung und engagiert sich in der Evaluation von Entwicklungsprojekten in Afrika. Hager ist seit November 2019 Mitglied im Kleinen Konvent der Schader-Stiftung und seit 2017 im Fachbeirat Integrationspotenziale der Schader-Stiftung.

Dr. Thomas Hain, geboren 1959, ist seit 2013 Leitender Geschäftsführer der Unternehmensgruppe Nassauische Heimstätte/Wohnstadt. Er studierte Volkswirtschaftslehre an der Ludwig-Maximilians-Universität München. Hain war unter anderem Marktteamleiter der HYPO Vereinsbank Leipzig, Leiter der Immobilienabteilung der Deutschen Kreditbank Leipzig und Geschäftsführer der VOLKSWOHNUNG GmbH Karlsruhe. Seit 2015 amtiert er als Vorsitzender des Vorstands der Arbeitsgemeinschaft Großer Wohnungsunternehmen (AGW). Thomas Hain ist Mitglied im Stiftungsrat der Schader-Stiftung.

Dr. Claudius Härpfer, geboren 1981, ist Wissenschaftlicher Mitarbeiter am Institut für Soziologie an der Goethe-Universität Frankfurt am Main. Härpfer studierte Soziologie, Philosophie und Politologie an den Universitäten Würzburg, Frankfurt am Main und Zürich. Er ist Mitglied des Vorstands der Deutschen Gesellschaft für Netzwerkforschung und der Sektion Soziologiegeschichte in der Deutschen Gesellschaft für Soziologie. Seine Arbeitsschwerpunkte sind unter anderem Geschichte der Soziologie, Soziologische Theorie, Netzwerkforschung, Wissenschaftssoziologie und Kultursoziologie.

Prof. Dr. Michael Haus, geboren 1970, ist seit 2012 Professor für Moderne Politische Theorie an der Ruprecht-Karls-Universität Heidelberg. Er studierte Politikwissenschaft, Soziologie und Philosophie in Frankfurt am Main und Heidelberg. Nach seiner Habilitation an der Technischen Universität Darmstadt wurde er 2009 Professor für Politische Theorie an der Universität Kassel. Michael Haus ist Mitglied der Redaktion der „Politischen Vierteljahresschrift" und des Rates der Heidelberg School of Education. Er ist Vorsitzender des Prüfungsausschusses für die Lehramtsstudiengänge.

Dr. Anika Haverig ist seit 2013 als Förderreferentin bei der VolkswagenStiftung in Hannover tätig. Im Förderteam „Internationales" ist sie zuständig für die Bereiche Soziologie und Erziehungswissenschaften und betreut verschiedene thematische Förderprogramme. Nach dem Studium der Sozialwissenschaften und Mathematik an der Universität Bielefeld, der Massey University und der University of Canterbury in Neuseeland promovierte sie im Fach Soziologie an der University of Kent in Großbritannien.

Erwin Heberling ist Soziologe, Gründer und seit 2000 Geschäftsführer des Film- und Kinobüros Hessen e.V., das seit fast 40 Jahren für unabhängige Filmkultur und Filmförderung in Hessen steht und unter anderem den vom Hessischen Ministerium für Wissenschaft und Kunst vergebenen „Preis für nachhaltiges Kino" organisiert. Zuvor war Erwin Heberling in Marburg langjähriger Leiter des soziokulturellen Zentrums Cafe Trauma und des Filmfestes OpenEyes. Er ist Mitglied mehrerer Festivaljurys und übt gelegentlich journalistische Tätigkeiten zu filmischen Themen aus.

Nele Heise, geboren 1984, ist freie Forscherin, Wissenschaftliche Beraterin und Referentin für Digitale Medien und Kommunikation. Nach dem Studium der Kommunikationswissenschaft in Erfurt war sie am Leibniz-Institut für Medienforschung, am Hans-Bredow-Institut der Universität Hamburg und für iRights e.V. in einem Projekt zu Algorithmen und KI im Verbraucheralltag tätig. Sie ist Mitgründerin des transdisziplinären Otherwise Network e.V. Neben digitaler Ethik und Folgen der Digitalisierung befasst sie sich mit Podcasting, medialer Teilhabe und ethischen Aspekten der Onlineforschung.

Prof. Dr. Gunther Hellmann, geboren 1960, ist seit 1999 Professor für Politikwissenschaft an der Goethe-Universität in Frankfurt. Er studierte Politikwissenschaft, Geschichte und Philosophie in Freiburg, München und Washington, D.C., promovierte an der Freien Universität Berlin und war Wissenschaftlicher Assistent an der Technischen Universität Darmstadt. Seine Forschungsschwerpunkte liegen in den Bereichen deutsche Außenpolitik, euro-atlantische Sicherheitsbeziehungen und Theorie der internationalen Beziehungen. Zudem wirkt er im Forschungsverbund Normative Ordnungen mit.

Dr. Reinhard Hempelmann, geboren 1953, war von 1999 bis 2019 Leiter der Evangelischen Zentralstelle für Weltanschauungsfragen und ist seit 2003 Lehrbeauftragter an der Universität Leipzig. Er studierte Evangelische Theologie in Bethel und Heidelberg, wo er mit einer Arbeit über „Sakrament als Ort der Vermittlung des Heils" promovierte. Von 1980 bis 1984 war er Wissenschaftlicher Mitarbeiter an der Universität Osnabrück. Seine Schwerpunkte sind neue religiöse Bewegungen, Religionen und Gewalt, pentekostales und evangelikales Christentum, Konfessionskunde und ökumenische Theologie.

Meike Henning, geboren 1977, ist seit 2018 Projektkoordinatorin im Sozialdezernat der Wissenschaftsstadt Darmstadt. Neben aktuellen ämter- und dezernatsübergreifenden Projekten gehören zu ihrem Arbeitsbereich die Handlungsfelder Gesunde Stadt, Gemeinwesenarbeit und politische Partizipationsprozesse. Zuvor arbeitete sie zwölf Jahre im Geschäftsbereich Sportentwicklung des Deutschen Olympischen Sportbundes. Meike Henning hat an der Universität Hannover Politische Wissenschaft, Volkswirtschaftslehre und Sportwissenschaft studiert.

Anja Herdel, geboren 1967, ist seit 2006 Geschäftsführerin der Wissenschaftsstadt Darmstadt Marketing GmbH. Sie studierte Germanistik, Anglistik und Baugeschichte an der Technischen Universität Darmstadt und war anschließend beim Verkehrsverein Darmstadt beschäftigt, wo sie von 1996 bis 1999 Abteilungsleiterin im Bereich Fremdenverkehr war. Nach der Umfirmierung zur Stadt- und Touristikmarketing Gesellschaft war sie von 2000 bis 2003 als Abteilungsleiterin im Touristikmarketing und von 2003 bis 2006 als stellvertretende Geschäftsführerin tätig.

Dietmar Hexel, geboren 1949, ist als systemischer Berater und Coach für Führungskräfte und Betriebsräte tätig. Er war bis 2014 Mitglied des Geschäftsführenden Bundesvorstandes des Deutschen Gewerkschaftsbundes. Nach Ausbildung und dem Studium der Sozialarbeit in Frankfurt war er unter anderem Organisationschef der IG Metall. Dietmar Hexel gehörte von 2007 bis 2011 dem SPD-Parteivorstand und von 2011 bis 2013 der Enquete-Kommission des Bundestages „Wachstum, Wohlstand, Lebensqualität" an. Er war zwölf Jahre Mitglied der Regierungskommission Deutscher Corporate Governance Kodex.

Dr. Christine Heybl, geboren 1981, ist als Autorin, Referentin sowie als Lehrbeauftragte an der Leuphana Universität Lüneburg tätig. Sie studierte Philosophie, Biologie und Ethnologie an der Universität Potsdam und an der Freien Universität Berlin. 2016 promovierte sie an der Universität Potsdam zum Thema Klimagerechtigkeit. Ihre Schwerpunkte sind Klimawandel, Permakultur und Postwachstumsökonomie.

Antonia Hmaidi, geboren 1993, ist seit 2016 Wissenschaftliche Mitarbeiterin am Lehrstuhl für Ostasienwirtschaft an der Universität Duisburg-Essen. Sie studierte Politik und Wirtschaft Ostasiens in Bochum und Internationale Beziehungen am Graduate Institute Geneva, mit Auslandsaufenthalten in Beijing und Delhi. Danach war sie unter anderem als Projektmanagerin bei der Bertelsmann Stiftung tätig. Sie forscht zu den Sozialkreditsystemen in China sowie generell zur sozialen und wirtschaftlichen Dimension technologischen Wandels in China und weltweit.

Jens Hübertz, geboren 1991, studiert an der Goethe-Universität Frankfurt am Main den Masterstudiengang Soziologie mit den Schwerpunkten soziale Ungleichheit, Wohlfahrtsstaat und feministische Theorie. Zuvor absolvierte er dort den Bachelorstudiengang Soziologie. In der Hochschulpolitik und in verschiedenen Initiativen setzt er sich für eine stärkere studentische Selbstverwaltung des Universitätsgeländes ein. 2016 war er als Praktikant der Schader-Stiftung tätig.

Prof. Dr. Ludger Hünnekens, geboren 1953, ist Kulturreferent und Erster Betriebsleiter des Eigenbetriebs Kulturinstitute der Wissenschaftsstadt Darmstadt. Er studierte Klassische Archäologie, Kunstgeschichte, Geschichte und Philosophie an der Universität Freiburg, wo er 1987 promovierte. Hünnekens war für das Zentrum für Kunst und Medien Karlsruhe, die Allianz Kulturstiftung und den Kulturkreis der deutschen Wirtschaft tätig, dann als Rektor der Staatlichen Akademie der Bildenden Künste Stuttgart. Er hat eine Honorarprofessur für Kulturmanagement an der Pädagogischen Hochschule Ludwigsburg inne.

Norbert Irsfeld, geboren 1966, ist Diplom-Betriebswirt und Geschäftsführender Gesellschafter der 2007 von ihm gegründeten Unternehmensberatung Prudentes Management GmbH, zudem als Lehrbeauftragter an der Hochschule für Wirtschaft und Umwelt Nürtingen-Geislingen tätig. Schwerpunkt seiner Lehrtätigkeit sind die Themen Automotive Management und Strategisches Management in Autohausunternehmen. Irsfeld studierte Betriebswirtschaft an der Fachhochschule Nürtingen und absolvierte das Aufbaustudium Immobilienökonomie an der European Business School.

Prof. em. Dr. Otfried Jarren, geboren 1953, ist Professor mit besonderen Aufgaben der Universität Zürich; zuvor war er Professor am dortigen Institut für Kommunikationswissenschaft und Medienforschung. Er studierte an der Universität Münster, war an der Freien Universität (FU) Berlin und als Professor an der Universität Hamburg und als Direktor des Hans-Bredow-Instituts tätig. Seit 2013 ist er Präsident der Eidgenössischen Medienkommission. Er hat seit 2016 eine Honorarprofessur an der FU Berlin inne. Jarren erhielt 2018 den Schader-Preis und ist Mitglied des Senats der Schader-Stiftung.

Prof. Dr. Dirk Jörke, geboren 1971, ist seit 2014 Professor für Politische Theorie und Ideengeschichte am Institut für Politikwissenschaft der Technischen Universität Darmstadt. Er studierte Politikwissenschaft, Soziologie, Geschichte und Philosophie in Kiel und Hamburg. 2002 promovierte er an der Universität Greifswald und habilitierte sich 2009 dort an der Philosophischen Fakultät. Er hatte Vertretungsprofessuren an den Universitäten Hamburg und Greifswald inne. Seine Forschungsschwerpunkte liegen im Bereich der Ideengeschichte, der Demokratietheorie und der Populismusforschung.

Dr. Frank Jost, geboren 1961, ist seit 2005 Wissenschaftlicher Referent beim vhw – Bundesverband für Wohnen und Stadtentwicklung e.V. und leitet die Redaktion des Verbandsorgans „Forum Wohnen und Stadtentwicklung". Er studierte Stadt- und Regionalplanung an der Technischen Universität Berlin, wo er 1999 auch promoviert wurde. Es folgten Tätigkeiten als Stadtplaner in freien Planungsbüros, als Wissenschaftlicher Mitarbeiter am Institut für Stadt- und Regionalplanung der Technischen Universität Berlin sowie als Sonderbeauftragter des Oberbürgermeisters in der Stadt Frankfurt (Oder).

Imke Jung-Kroh, geboren 1978, ist Leiterin des Jugendamtes der Wissenschaftsstadt Darmstadt. Sie studierte Sozialpädagogik sowie Pädagogik und Politikwissenschaft und war Wissenschaftliche Mitarbeiterin an der Hochschule Darmstadt. Von 2006 bis 2012 war sie sozialpädagogische Mitarbeiterin der BAFF Frauen Kooperation gGmbH und leitete das Darmstädter Netzwerk für Alleinerziehende. Von 2012 bis 2019 war Jung-Kroh als Bürgerbeauftragte der Wissenschaftsstadt Darmstadt für die direkte Kommunikation mit der Bürgerschaft verantwortlich sowie als Beraterin von Magistrat und Verwaltung tätig.

Prof. Dr. Martin Junkernheinrich, geboren 1958, ist seit 2008 Inhaber des Lehrstuhls für Stadt-, Regional- und Umweltökonomie an der Technischen Universität Kaiserslautern. Er studierte Wirtschaftswissenschaft, Sozialwissenschaften und Germanistik. Ab 1998 war er Professor mit Schwerpunkt Kommunalwirtschaft und Kommunalfinanzen an der Universität Trier, ab 2006 Professor für Kommunal- und Regionalpolitik an der Universität Münster. Er ist Vorsitzender der Transparenzkommission des Landes Nordrhein-Westfalen sowie unter anderem Mitglied der Akademie für Raumforschung und Landesplanung.

Bijan Kaffenberger, geboren 1989, ist direkt gewählter Abgeordneter des Hessischen Landtags. Er studierte Wirtschaftswissenschaften sowie International Economics and Economic Policy an der Goethe-Universität Frankfurt und arbeitete dort anschließend am Lehrstuhl für Bankbetriebslehre. Im Thüringer Ministerium für Wirtschaft, Wissenschaft und Digitale Gesellschaft war er als Referent für Breitbandausbau und Digitalisierung beschäftigt, bis er 2019 in den Landtag einzog. Seine Themenschwerpunkte sind Mobilität, Finanzen und Digitalisierung.

Christoph Kehr-von Plettenberg, geboren 1977, ist stellvertretender Leiter des Nachhaltigkeitsmanagements bei der DekaBank. Er studierte Rechtswissenschaften in Rostock, Kopenhagen und Köln und absolvierte Ausbildungen als Börsenhändler und Wirtschaftsmediator, unter anderem in Los Angeles, New York und Cambridge, Massachusetts. Kehr-von Plettenberg engagiert sich in der Johanniter-Hilfsgemeinschaft Frankfurt am Main als ehrenamtlicher Leiter des Besuchsdienstes für Senioren. Zudem ist er Vorsitzender des DGAPforums Frankfurt der Deutschen Gesellschaft für Auswärtige Politik e.V.

Jürgen Kerwer, geboren 1956, ist Ständiger Vertreter des Direktors und Leiter des Referats Publikationen, Öffentlichkeitsarbeit, Bibliothek und Versand der Hessischen Landeszentrale für politische Bildung. Er studierte Sozialarbeit an der Evangelischen Fachhochschule Darmstadt. Zudem hat Kerwer eine Zusatzausbildung als systemischer Supervisor und Organisationsberater.

Gudrun Kirchhoff, geboren 1956, ist Diplom-Soziologin und seit 2015 Wissenschaftliche Mitarbeiterin im Bereich Stadtentwicklung, Recht und Soziales am Deutschen Institut für Urbanistik (Difu) in Berlin. Kirchhoff studierte Soziologie mit dem Schwerpunkt Stadtsoziologie an der Freien Universität Berlin. Von 2006 bis 2015 war sie als Wissenschaftliche Referentin für die Schader-Stiftung tätig. Sie verantwortete unter anderem die Forschungs-Praxis-Projekte „Zuwanderer in der Stadt“ und „Integrationspotenziale in kleinen Städten und Landkreisen“.

Thorsten Kirschner, geboren 1980, ist Referent im Referat Gesellschaftliche Integration im Arbeitsstab der Beauftragten der Bundesregierung für Migration, Flüchtlinge und Integration. Er studierte Evangelische Theologie in Marburg, Amsterdam und Berlin sowie Afrikanische Theologie in Pietermaritzburg, Südafrika. Von 2013 bis 2017 war Kirschner Beauftragter des Bevollmächtigten des Rates der Evangelischen Kirche in Deutschland für den Dialog mit den parteipolitischen Jugendverbänden. Er ist als Pfarrer im Ehrenamt im Berliner Kirchenkreis Nord tätig.

Dr. Johannes Kistenich-Zerfaß, geboren 1968, ist seit 2014 Leiter des Staatsarchivs Darmstadt, zudem stellvertretender Präsident des Hessischen Landesarchivs. Er studierte Geschichte, Erziehungswissenschaften und Chemie an der Universität Bonn, war dann am Staats- und Personenstandsarchiv Detmold sowie als stellvertretender Leiter des Fachbereichs Grundsätze und Leiter des Dezernats Grundsätze der Bestandserhaltung im Landesarchiv Nordrhein-Westfalen tätig. Am Institut für Geschichte der Technischen Universität Darmstadt und an der Archivschule Marburg hat er Lehraufträge inne.

Dr. Ansgar Klein, geboren 1959, ist seit 2002 Geschäftsführer des BBE Bundesnetzwerk Bürgerschaftliches Engagement. Er studierte Soziologie an der Goethe-Universität Frankfurt, promovierte und habilitierte sich im Fach Politikwissenschaft. Von 1999 bis 2000 war er Wissenschaftlicher Mitarbeiter am Lehrstuhl für politische Theorie der Technischen Universität Darmstadt, dann Wissenschaftlicher Koordinator der SPD-Bundestagsfraktion für die Enquete-Kommission „Zukunft des Bürgerschaftlichen Engagements". Seit 2010 ist Klein zudem als Privatdozent an der Humboldt-Universität zu Berlin tätig.

Prof. Dr. Jürgen Kohl, geboren 1946, ist emeritierter Professor am Max-Weber-Institut für Soziologie der Universität Heidelberg mit Schwerpunkt Sozialstrukturanalyse und Politische Soziologie. Er studierte Soziologie, Wirtschaftswissenschaften und Politikwissenschaft an den Universitäten Frankfurt und Bielefeld und promovierte an der Universität Mannheim. Kohl war Wissenschaftlicher Angestellter am Mannheimer Zentrum für Europäische Sozialforschung, zudem Jean Monnet Fellow am European University Institute in Florenz und Gastprofessor an der Northwestern University in Evanston, USA.

Michael Kolmer, geboren 1970, leitet seit 2005 das Amt für Wirtschaft und Stadtentwicklung der Wissenschaftsstadt Darmstadt und ist Mitgeschäftsführer des Darmstädter Gründerzentrums HUB31. Er studierte Geographie an der Technischen Universität Darmstadt. Nach beruflichen Stationen an der Technischen Universität Darmstadt und beim Land Baden-Württemberg wurde er 2000 stellvertretender Leiter der Darmstädter Wirtschaftsförderung. Kolmer vertritt die Stadt Darmstadt bei der Organisation des gemeinsam mit der Schader-Stiftung ausgerichteten „Runden Tischs Wissenschaftsstadt Darmstadt".

Prof. Dr. Bernhard Köster, geboren 1972, hat seit 2019 eine Professur für Volkswirtschaftslehre und quantitative Methoden an der Jade-Hochschule Wilhelmshaven inne. Er studierte Physik und Volkswirtschaftslehre an den Universitäten Heidelberg und Uppsala. Anschließend promovierte er als Wissenschaftlicher Mitarbeiter am Alfred-Weber-Institut in Heidelberg zum Thema Geldpolitik. Nach beruflichen Stationen unter anderem beim Sachverständigenrat und dem Handelsblatt Research Institute war er Professor an der EBC-Hochschule in Düsseldorf und der Frankfurt University of Applied Sciences.

Alexander Krahmer, geboren 1979, ist Wissenschaftlicher Mitarbeiter im Projekt „MigraChance“ am Helmholtz-Zentrum für Umweltforschung in Leipzig. Er studierte Soziologie, Islamwissenschaften und Philosophie an der Friedrich-Schiller-Universität Jena sowie am Institut d'études politiques und der Université I in Rennes. An der Universität Tübingen war er als Wissenschaftlicher Mitarbeiter im Projekt „Aspekte einer gerechten Verteilung von Sicherheit in der Stadt“ tätig. Seine Schwerpunkte liegen unter anderem auf kritischer Stadtforschung sowie Gerechtigkeits- und Sicherheitsforschung.

Dr. Max-Christopher Krapp, geboren 1985, ist seit 2016 als Wissenschaftlicher Mitarbeiter am Institut Wohnen und Umwelt tätig und befasst sich dort mit Fragen der Wohnraumversorgung und der Wohnungspolitik mit besonderem Schwerpunkt auf der sozialen Absicherung des Wohnens. Er studierte Politikwissenschaft an der Technischen Universität Darmstadt (TUD) und der Universität Karlstad in Schweden. Von 2010 bis 2016 war er als Wissenschaftlicher Mitarbeiter am Institut für Politikwissenschaft der TUD tätig und promovierte dort mit einer Dissertation zu arbeitsmarktpolitischen Reformprozessen.

Prof. Dr. Ingrid Krau, geboren 1942, ist Architektin, Stadtplanerin und Autorin. Sie studierte Architektur in Braunschweig sowie an der Technischen Universität Berlin und promovierte im Bereich Gesellschafts- und Sozialwissenschaften an der Freien Universität Berlin. Danach war sie als Dozentin sowie als freie Architektin tätig. Von 1994 bis 2007 hatte sie den Lehrstuhl für Stadtraum und Stadtentwicklung an der Technischen Universität München inne und bis 2010 war sie Direktorin des Instituts für Städtebau und Wohnungswesen München der Deutschen Akademie für Städtebau und Landesplanung.

Dr. Michael Kreutzer forscht und publiziert seit 20 Jahren zu Fragestellungen des technischen Privatsphärenschutzes und der Cybersicherheit. Unter anderem engagierte er sich für die Ringvorlesung „‚Privacy by Design‘ als technisches und gesellschaftliches Konstruktionsprinzip“. Seit 2015 verantwortet er beim Darmstädter Fraunhofer-Institut für Sichere Informationstechnologie (SIT) den Bereich Internationalisierung und strategische Industriebeziehungen. Michael Kreutzer leitete dort von 2017 bis 2019 das interdisziplinäre Forschungsprojekt „DORIAN – Desinformation aufdecken und bekämpfen“.

Dr. Rudolf Kriszeleit, geboren 1955, ist Rechtsanwalt und war von 2009 bis 2014 Staatssekretär im Hessischen Ministerium der Justiz, für Integration und Europa. Er studierte Rechtswissenschaft und Volkswirtschaftslehre in Frankfurt, war bei der Staatsanwaltschaft am Landgericht Frankfurt und im Hessischen Ministerium der Finanzen tätig. Von 1995 bis 2001 war er Leiter der Finanzabteilung der Evangelischen Kirche in Hessen und Nassau, anschließend Vorstandsmitglied der Investitionsbank Hessen. Er ist seit 2013 Mitglied des Stiftungsrats der Schader-Stiftung, seit 2016 dessen Vorsitzender.

Dr. Jonathan Kropf, geboren 1984, ist seit 2018 Wissenschaftlicher Mitarbeiter im interdisziplinären Projekt „Analyse und Gestaltung von Social Machines“ an der Universität Kassel. Zuvor war er dort von 2013 bis 2018 Wissenschaftlicher Mitarbeiter am Fachgebiet Soziologische Theorie und promovierte 2018. Jonathan Kropf studierte Soziologie, Psychologie und Philosophie an der Technischen Universität Darmstadt, wo er von 2012 bis 2013 als Lehrbeauftragter am Institut für Soziologie tätig war.

Prof. Dr. Gisela Kubon-Gilke, geboren 1956, ist seit 1998 Professorin für Ökonomie und Sozialpolitik an der Evangelischen Hochschule Darmstadt. Sie studierte Volkswirtschaftslehre in Göttingen und war Wissenschaftliche Mitarbeiterin, dann Wissenschaftliche Assistentin an der Technischen Universität Darmstadt. Es folgten Vertretungs- und Gastprofessuren in Frankfurt und München. Ihre Schwerpunkte sind Sozial-, Gesundheits- und Bildungspolitik, Nachhaltigkeit und normative Grundfragen der Ökonomik. Seit 2018 ist sie Mitglied des Kleinen Konvents der Schader-Stiftung.

Annette Kulenkampff, geboren 1957, ist Geschäftsführerin des Deutschen Instituts für Stadtbaukunst in Frankfurt am Main. Kulenkampff studierte Kunstgeschichte an der Johann Wolfgang Goethe-Universität. Nach Stationen als Geschäftsführerin des Hatje Cantz Verlages und als Vorstandsvorsitzende des Württembergischen Kunstvereins Stuttgart war sie von 2014 bis 2018 Geschäftsführerin der documenta und des Museums Fridericianum in Kassel. Kulenkampf ist Mitglied im Kuratorium der Akademie Schloss Solitude und im Kuratorium des „Forecast Festival – Haus der Kulturen der Welt" in Berlin.

Dr. Sebastian Kurtenbach, geboren 1987, ist Vertretungsprofessor für Politikwissenschaft/Sozialpolitik an der Fachhochschule Münster. Er studierte Soziale Arbeit an der Fachhochschule Düsseldorf und Sozialwissenschaft an der Ruhr-Universität Bochum. 2016 promovierte er an der Universität zu Köln und war anschließend Wissenschaftlicher Mitarbeiter und Koordinator des Forschungsclusters „Migration, Raum und Sozialer Wandel" am Institut für interdisziplinäre Konflikt- und Gewaltforschung der Universität Bielefeld. Von 2017 bis 2019 war er Mitglied des Kleinen Konvents der Schader-Stiftung.

Dr. Ulrich Kuther, geboren 1963, leitet seit 2004 im Auftrag der Karl Kübel Stiftung für Kind und Familie als Bevollmächtigter der Geschäftsführung die „hessenstiftung – familie hat zukunft". Schwerpunkte sind zukunftsorientiertes Aufwachsen von Kindern und Vereinbarkeit von Familie und Beruf. Er studierte Katholische Theologie in Mainz, Angers und Tübingen und promovierte in Frankfurt zum Dr. phil. Auf praktische Jahre in der Gemeindearbeit folgten Weiterbildungen in Kommunikation und Rhetorik, in Betriebswissenschaft und zum Stiftungsmanager.

Jana Kutschmann, geboren 1991, ist Lehrbeauftragte für das Modul Umweltmanagement an der Hochschule Darmstadt. Sie koordiniert die Erstellung des Nachhaltigkeitsberichts der Hochschule und ist Mitglied der Initiative für Nachhaltige Entwicklung (i:ne), die Nachhaltigkeits-Aktivitäten der Hochschule Darmstadt bündelt. Jana Kutschmann ist Mitgründerin von „sustainable thinking", einer Nachhaltigkeitsberatung. Sie studierte Umwelt- und Betriebswirtschaft in Birkenfeld und den Masterstudiengang Risk Assessement and Sustainability Management an der Hochschule Darmstadt.

Johanna Lanio, geboren 1993, ist bis Ende 2019 als Praktikantin der Schader-Stiftung tätig. Derzeit absolviert sie den Masterstudiengang Governance und Public Policy der Technischen Universität Darmstadt. Ihren Bachelor in Politikwissenschaft und Öffentlichem Recht hat sie an der Johannes Gutenberg-Universität Mainz abgeschlossen.

Dr. Thorsten Latzel, geboren 1970, ist seit 2013 Direktor der Evangelischen Akademie Frankfurt. Er studierte Evangelische Theologie an der Universität Marburg und promovierte 2002 im Rahmen des DFG-Graduiertenkollegs „Religion und Normativität" an der Universität Heidelberg. Von 2000 bis 2005 war Latzel zunächst als Vikar und anschließend als Pfarrer im Kirchenkreis Hanau-Land tätig, anschließend war er Oberkirchenrat im Kirchenamt der Evangelischen Kirche in Deutschland in Hannover, seit 2007 leitete er zudem das Projektbüro im Reformprozess „Kirche im Aufbruch".

Dr. Jutta Lauth Bacas ist Sozialanthropologin mit dem Schwerpunkt Migration, Flucht und Asyl in Südosteuropa. Auf die Promotion in Zürich folgten Lehrtätigkeiten an schweizerischen und deutschen Hochschulen. Von 2004 bis 2011 war sie an der Wissenschaftsakademie Athen in Forschungsprojekten zur Fluchtmigration nach Griechenland tätig. Seit 2012 ist sie freiberuflich als Publizistin und Dozentin aktiv, zudem seit 2015 Research Affiliate am Institute of Mediterranean Studies der Universität Malta und stellvertretende Vorsitzende des Wissenschaftlichen Beirats der Südosteuropa-Gesellschaft.

Prof. Dr. Markus Lederer, geboren 1972, ist Professor für Politikwissenschaft an der Technischen Universität Darmstadt (TUD) und leitet seit 2016 den Arbeitsbereich Internationale Beziehungen mit Schwerpunkt globale Klima-, Entwicklungs- und Umweltpolitik. Er studierte Politikwissenschaft, Internationales Recht und Philosophie in Berlin, München, Frankreich und den USA und promovierte in München. Von 2003 bis 2011 war Lederer Wissenschaftlicher Mitarbeiter an der Universität Potsdam, dann Professor an der TUD. Ab 2013 hatte er in Münster einen Lehrstuhl für International Governance inne.

Karen Lehmann, geboren 1990, ist seit 2018 Wissenschaftliche Referentin der Schader-Stiftung im Projekt „Systeminnovation für Nachhaltige Entwicklung (s:ne)". Sie studierte den Bachelorstudiengang European Studies an der Universität Maastricht und absolvierte dann das Masterstudium der Politikwissenschaft an der Friedrich-Alexander-Universität Erlangen-Nürnberg. Anschließend war sie bei der Europäischen Akademie für Steuern, Wirtschaft und Recht in Berlin tätig.

Dr. Lupold von Lehsten, geboren 1961, ist seit 2006 stellvertretender Direktor des Instituts für Personengeschichte in Bensheim, das er seit 1995 geleitet hatte. Er studierte Geschichte, Germanistik, Philosophie und Politikwissenschaft. Seit 2012 ist er Stiftungsratsvorsitzender der Otto und Erich Langguth-Stiftung. Er ist Mitglied der Hessischen Historischen Kommission, der Hessischen Kirchengeschichtlichen Vereinigung, Wissenschaftlicher Beirat der Stiftung Heiligenberg und korrespondierendes Mitglied des HEROLD Verein für Heraldik, Genealogie und verwandte Wissenschaften zu Berlin.

Dr. Bettina Lelong ist seit 2017 Wissenschaftliche Mitarbeiterin bei Stadt- und Regionalplanung Dr. Jansen in Köln. Sie forschte neun Jahre am ILS Institut für Landes- und Stadtentwicklungsforschung zu Durchsetzungsprozessen und Nutzungskonflikten in der Stadtentwicklung sowie zur Weiterentwicklung der Netzwerkforschung und ihrer Anwendung in der Stadtforschung. Lelong studierte Architektur an der Technischen Universität Berlin und promovierte an der HafenCity Universität Hamburg. Sie ist Mitbegründerin und Vorstandsmitglied der Deutschen Gesellschaft für Netzwerkforschung.

Prof. Dr. Sebastian Lentz, geboren 1957, ist seit 2003 Direktor des Leibniz-Instituts für Länderkunde und Professor für Regionale Geographie an der Universität Leipzig. Er studierte Geographie, Germanistik und Erziehungswissenschaften an den Universitäten Heidelberg und Mannheim. Lentz promovierte und habilitierte sich in Mannheim und war dort Privatdozent. Von 1991 bis 2003 war er mehrere Male Gastdozent an der Lomonossow-Universität Moskau, von 2001 bis 2003 Professor für Anthropogeographie an der Universität Erfurt. Seit 2018 ist er Vizepräsident der Leibniz-Gemeinschaft.

Dr. Kai Lindemann, geboren 1968, ist seit 2008 beim Bundesvorstand des Deutschen Gewerkschaftsbundes in der Grundsatzabteilung tätig. Nach seiner Ausbildung zum Industriekaufmann studierte er Politikwissenschaft an der Goethe-Universität Frankfurt am Main. Von 1998 bis 2003 war Lindemann Wissenschaftlicher Assistent der amerikanischen Künstlerin Jenny Holzer und anschließend bis 2008 Gewerkschaftssekretär beim DGB Bezirk Berlin-Brandenburg, zuletzt im Referat Politische Planung und Koordination. 2005 promovierte er an der Goethe-Universität Frankfurt zum Thema Politische Korruption.

Dr. Peter Oliver Loew, geboren 1967, ist seit Oktober 2019 Direktor des Deutschen Polen-Instituts in Darmstadt. Er studierte Osteuropäische Geschichte und Slavistik in Nürnberg, Freiburg und Berlin und promovierte über die lokale Geschichtskultur in Danzig zwischen 1793 bis 1997. Loew lehrt seit 2009 an der Technischen Universität Darmstadt sowie an der Technischen Universität Dresden, wo er sich 2014 auch habilitierte. Schwerpunkte seiner wissenschaftlichen Tätigkeit sind unter anderem die Geschichte Polens, Deutschlands und der deutsch-polnischen Beziehungen in der Neuzeit.

Peter Lonitz, geboren 1959, ist Wissenschaftlicher Referent der Schader-Stiftung in Darmstadt und zuständig für den Bereich Presse- und Öffentlichkeitsarbeit. Er studierte Soziologie, Psychologie und Städtebau an der Technischen Universität Darmstadt. Peter Lonitz ist Mitglied im Presseclub Darmstadt und vertritt die Schader-Stiftung im Stiftungsnetzwerk Südhessen. Er betreut vorrangig Projekte in den Themenbereichen Kommunikation und Kultur, Publizistik und Stadtforschung.

Rosemarie Lück, geboren 1961, ist seit 2010 Sozial- und Jugenddezernentin des Landkreises Darmstadt-Dieburg. Sie studierte Soziologie an der Philipps-Universität Marburg und war dort bis 1990 als Wissenschaftliche Mitarbeiterin tätig. Von 1990 bis 1994 war sie Frauenbeauftragte der Stadt Hanau. Danach übernahm sie die Leitung des Frauenbüros und ab 2000 der Volkshochschule und des Kulturamtes beim Landkreis Darmstadt-Dieburg. Ab 2004 war sie Erste Betriebsleiterin und dann Hauptabteilungsleiterin der Kreisagentur für Beschäftigung.

Dr. Alexandra Lux, geboren 1975, ist seit 2000 Wissenschaftliche Mitarbeiterin am Institut für sozial-ökologische Forschung. Seit 2015 leitet sie den Forschungsschwerpunkt Transdisziplinäre Methoden und Konzepte. Zudem ist sie seit 2018 Leiterin des Teilvorhabens „Begleitende Reflexion und Prozessunterstützung" im Projekt „Systeminnovation für Nachhaltige Entwicklung (s:ne)", das die Hochschule Darmstadt zusammen mit der Schader-Stiftung und weiteren Partnern durchführt. Alexandra Lux studierte Wirtschaftswissenschaften an der Carl von Ossietzky Universität Oldenburg und promovierte dort.

Hannes Marb, geboren 1967, ist seit 2003 in unterschiedlichen Funktionen als Schulleitungsmitglied der Darmstädter Gutenbergschule tätig. Nach dem Studium der Rechtswissenschaft und des Lehramtes in Frankfurt am Main arbeitete er an unterschiedlichen pädagogischen Instituten. Ein Schwerpunkt seiner Tätigkeit ist die Gewaltprävention im Rahmen seiner Ausbildung zum Antiaggressionstrainer und seine Unterstützung für den YouTube-Kanal „Kinder- und Jugendrechte in Eberstadt". Seit 2010 ist Hannes Marb im Organisationsteam der Stadtviertelrunde in Eberstadt Süd.

Peter Matzke, geboren 1955, ist seit 2000 Leiter des Koordinationsbüros Jugend und Soziales der Stadt Wetzlar. Seine Schwerpunkte sind die Themen Sozialplanung, Projektmanagement und Integration. Nach dem Studium der Soziologie und Pädagogik arbeitete er in der sozialen Stadtentwicklung und Förderung von Beteiligungs- und Mitbestimmungsstrukturen bei verschiedenen sozialen Trägern. Er gehört im Rahmen des Hessischen Landesprogramms „WIR", das Integrationsprozesse im kommunalen Kontext fördert, dem WIR-Beirat des Lahn-Dill-Kreises an. Zudem ist er Beirat einer Nachbarschaftsstiftung.

Prof. Dr. Andrea Maurer, geboren 1962, ist seit 2013 Professorin für Soziologie an der Universität Trier. Nach dem Studium der Wirtschafts- und Sozialwissenschaften an der Universität Augsburg promovierte und habilitierte sie dort. Von 1998 bis 2013 war sie Professorin für Soziologie an der Universität der Bundeswehr in München. Andrea Maurer war von 2011 bis 2015 Sprecherin der Sektion Wirtschaftssoziologie in der Deutschen Gesellschaft für Soziologie und ist seit 2019 Chair des Netzwerks Economic Sociology in der European Sociological Association.

Matthias Mayer, geboren 1962, ist seit 2008 Leiter des Bereichs Wissenschaft der Körber-Stiftung Hamburg, für die er seit 1996 tätig ist. Er studierte Philosophie, Germanistik, Politik und Pädagogik an der Universität Konstanz und der Freien Universität Berlin. Mayer ist Mitglied im MINT-Forschungsrat Hamburg für Mathematik, Informatik, Natur- und Technikwissenschaften. Er war in der Hamburger Kulturpolitik aktiv, unter anderem als Vorsitzender des Kulturausschusses Altona. Seine Schwerpunkte sind Wissenschaftspolitik und Nachwuchsförderung.

Dr. Kirsten Mensch, geboren 1967, ist seit 2000 Wissenschaftliche Referentin der Schader-Stiftung. Sie studierte Politikwissenschaft, Philosophie sowie Rechtswissenschaften. 1993 folgte ein Studienaufenthalt an der Universität Groningen in den Niederlanden. Von 1994 bis 1998 war sie Wissenschaftliche Mitarbeiterin am Institut für Politikwissenschaft der Technischen Universität Darmstadt, wo sie 1999 promovierte. Ihre inhaltlichen Schwerpunkte sind zurzeit unter anderem Sicherheitspolitik, Menschenrechte und Nachhaltigkeit. Zudem betreut sie Veranstaltungen mit agilen Formaten.

Dirk Metz, geboren 1957, war von 1999 bis 2010 Staatssekretär in der Hessischen Staatskanzlei sowie Sprecher der Hessischen Landesregierung. Seit 2010 führt er als Inhaber die Agentur DIRK METZ Kommunikation in Frankfurt am Main. Er absolvierte eine Ausbildung als Journalist und studierte Politische Wissenschaften sowie Wirtschafts-, Verfassungs- und Sozialgeschichte an der Universität Bonn. Nach beruflichen Stationen im Medienbereich war er bis zum Eintritt in die Landesregierung Pressesprecher der CDU-Fraktion im Hessischen Landtag.

Prof. Dr. Verena Metze-Mangold, geboren 1946, ist Journalistin und Politikwissenschaftlerin. Bis 2018 war sie Präsidentin und ab 2006 Präsidiumsmitglied der Deutschen UNESCO-Kommission. Sie leitete zehn Jahre die Evangelische Medien-Akademie, war ab 1987 Bereichsleiterin in der Intendanz des Hessischen Rundfunks und ab 2006 Leiterin der Hessischen Rundfunk Filmförderung. Metze-Mangold gehört unter anderem dem Forschungsbeirat des Instituts für Auslandsbeziehungen an. Sie lehrt Politische Kommunikation und Internationales Recht an der Hochschule für Technik und Wirtschaft Berlin.

Nadja Möglich, geboren 1986, ist seit November 2019 Kaufmännische Sachbearbeiterin der Schader-Stiftung. Nach ihrer Ausbildung zur Tourismuskauffrau absolvierte sie ein Studium der Betriebswirtschaftslehre an der Justus-Liebig-Universität Gießen. Anschließend war sie als Assistentin der Geschäftsleitung mit dem Schwerpunkt Controlling und als Produktmanagerin tätig.

Dr. Anna-Lisa Müller, geboren 1981, ist seit 2019 Wissenschaftliche Mitarbeiterin in der Profillinie Migrationsgesellschaften an der Universität Osnabrück. Sie studierte Soziologie, Neuere Deutsche Literaturwissenschaften, Philosophie und theoretische Sprachwissenschaften in Konstanz und Växjö, Schweden, und promovierte an der Universität Bielefeld. Seit 2013 war sie am Institut für Geographie der Universität Bremen tätig und habilitierte sich dort 2019 im Fach Humangeographie. Ihre Schwerpunkte sind Migrations- und Stadtforschung sowie Raum- und Kulturtheorien.

Prof. Dr. Ursula Münch, geboren 1961, ist seit 2011 Direktorin der Akademie für Politische Bildung in Tutzing. Von ihrer Professur für Politikwissenschaft an der Universität der Bundeswehr München ist sie derzeit beurlaubt. Sie ist unter anderem Mitglied in der Wissenschaftlichen Kommission des Wissenschaftsrats, im Hochschulbeirat der Hochschule für Politik an der Technischen Universität München sowie im Direktorium des Bayerischen Forschungszentrums für Digitale Transformation. Ursula Münch war von 2014 bis 2018 Mitglied des Kleinen Konvents der Schader-Stiftung.

Reiner Nagel, geboren 1959, ist Architekt und Stadtplaner sowie seit 2013 Vorstandsvorsitzender der Bundesstiftung Baukultur. Zuvor war er seit 2005 Abteilungsleiter für die Bereiche Stadtentwicklung, Stadt- und Freiraumplanung in der Senatsverwaltung für Stadtentwicklung Berlin. Seit 1986 war er auf Bezirks- und Senatsebene für die Stadt Hamburg tätig und wechselte 1998 in die Geschäftsleitung der HafenCity Hamburg GmbH. Er ist Lehrbeauftragter im Bereich Urban Design an der Technischen Universität Berlin. 2013 wurde er in das Kuratorium zur Nationalen Stadtentwicklungspolitik berufen.

Prof. Dr. Alfred Nordmann, geboren 1956, ist Professor für Philosophie der Wissenschaften und der Technikforschung an der Technischen Universität Darmstadt. Er studierte Philosophie, Neuere Deutsche Literatur und Wissenschaftsgeschichte in Tübingen und Hamburg und promovierte dort. Nordmann ist assoziierter Professor am Philosophy Department der University of South Carolina sowie Gast an der St. Petersburg Polytechnic University und der South China University of Technology. Er beschäftigt sich mit Ludwig Wittgenstein, Werkwissen, mit der Kunst der Technik und der Technik der Kunst.

Laura Pauli, geboren 1991, ist seit 2019 Persönliche Referentin des Vorstands der Schader-Stiftung sowie bereits seit 2018 Wissenschaftliche Mitarbeiterin im Projekt „Systeminnovation für Nachhaltige Entwicklung (s:ne)“. Nach ihrem Bachelor in Politikwissenschaft an der Goethe-Universität Frankfurt absolviert sie den Masterstudiengang Governance and Public Policy an der Technischen Universität Darmstadt. 2015 war sie Stadtteil-Botschafterin im Frankfurter Gallus im Rahmen des Förderprogramms der Stiftung Polytechnische Gesellschaft und 2018 Praktikantin der Schader-Stiftung.

Dr. Eberhard Martin Pausch, geboren 1961, ist seit 2016 Studienleiter der Evangelischen Akademie Frankfurt und für den Themenbereich Religion und Politik zuständig. Er studierte Evangelische Theologie in Frankfurt am Main und Marburg und promovierte dort 1993 als Stipendiat des Evangelischen Studienwerks Villigst. Eberhard Martin Pausch war Gemeindepfarrer der Evangelischen Kreuzgemeinde in Frankfurt, Oberkirchenrat im Kirchenamt der Evangelischen Kirche in Deutschland in Hannover und Beauftragter der Evangelischen Kirche in Hessen und Nassau für die Reformationsdekade.

Dr.-Ing. Julian Petrin, geboren 1968, ist Urbanist und Stadtforscher in Hamburg. Als Gründer und Partner des Büros urbanista berät er Kommunen in Zukunftsfragen und entwickelt partizipative Strategieprozesse für urbane Akteure. 2009 gründete er das Stadtlabor Nexthamburg. Von 2013 bis 2015 war er Gastprofessor für Stadtmanagement an der Universität Kassel. Seit 2011 ist er Mitglied der Deutschen Akademie für Städtebau und Landesplanung, seit 2016 des Beirats der Internationalen Bauausstellung Thüringen und er gehörte dem Interministeriellen Arbeitskreis „Smart City Charta“ des Bundes an.

Prof. Dr. Roswitha Pioch, geboren 1963, ist seit 2009 Professorin für Politische Zusammenhänge der Sozialen Arbeit an der Fachhochschule Kiel. Sie studierte Politikwissenschaft und Soziologie in Marburg und promovierte 1999 in Leipzig. Pioch war Wissenschaftliche Mitarbeiterin an den Universitäten Leipzig und Göttingen sowie am Max-Planck-Institut für Gesellschaftsforschung, Köln, und Vertretungsprofessorin in Duisburg-Essen und Kassel. Sie ist Lehrbeauftragte an der Universität Kiel und Sprecherin des Arbeitskreises Migrationspolitik der Deutschen Vereinigung für Politikwissenschaft.

Helene Pleil, geboren 1997, ist seit Januar 2019 Studentische Mitarbeiterin der Schader-Stiftung und schwerpunktmäßig im Veranstaltungsmanagement tätig. Zuvor war sie Praktikantin der Schader-Stiftung. Sie studierte Politikwissenschaft und Ethnologie im Bachelorstudiengang an der Goethe-Universität in Frankfurt am Main. Derzeit absolviert sie dort den Masterstudiengang Internationale Studien/Friedens- und Konfliktforschung.

Rada Popova ist seit 2014 Wissenschaftliche Mitarbeiterin des Instituts für Luftrecht, Weltraumrecht und Cyberrecht an der Universität zu Köln. Sie unterrichtet Völker- und Europarecht und absolviert ihre Promotion im Bereich der Weltraumnutzung im umweltvölkerrechtlichen Kontext. Davor studierte sie Rechtswissenschaften an der Universität Wien und arbeitete als Wissenschaftliche Hilfskraft im Ausschuss für Außenpolitik der Nationalversammlung Bulgariens. Zudem war sie von 2009 bis 2013 für ein durch das Ministerium für Bildung und Forschung gefördertes Projekt in Sofia tätig.

Prof. Dr. Andreas Pott, geboren 1968, ist seit 2007 Professor für Sozialgeographie und seit 2009 Direktor des Instituts für Migrationsforschung und Interkulturelle Studien an der Universität Osnabrück. Er studierte Geographie, Mathematik und Philosophie in Bonn und am University College London. Seine Habilitation erfolgte 2006 an der Goethe-Universität Frankfurt. Von 2008 bis 2018 war er Vorstandsmitglied des Rates für Migration. Zudem gehört er dem Fachbeirat der Otto Benecke Stiftung an und ist stellvertretender Sprecher des Deutschen Zentrums für Integrations- und Migrationsforschung.

Wolfert von Rahden, geboren 1947, war Chefredakteur der Zeitschrift „Gegenworte", die bis 2013 von der Berlin-Brandenburgischen Akademie der Wissenschaften herausgegeben wurde und sich Fragen der Wissenschaftskommunikation widmete. Er studierte Philosophie, Sprach- und Literaturwissenschaft sowie Soziologie und Politikwissenschaft in Hamburg und in Berlin an der Freien und der Technischen Universität. Er war stellvertretender Direktor des Einstein Forums Potsdam und ist Mitglied der Redaktion der „Zeitschrift für Ideengeschichte", deren verantwortlicher Gründungsredakteur er war.

Thomas Reinhold, geboren 1980, ist seit 2019 Wissenschaftlicher Mitarbeiter des Lehrstuhls Wissenschaft und Technik für Frieden und Sicherheit (PEASEC) am Fachbereich Informatik der Technischen Universität Darmstadt. Er studierte Informatik und Psychologie an der Technischen Universität Chemnitz und war dort sowie an der Universität Greifswald als Wissenschaftlicher Mitarbeiter tätig. Seit 2009 ist er Nonresident Fellow des Instituts für Friedensforschung und Sicherheitspolitik an der Universität Hamburg. Er ist Mitglied zahlreicher Foren zur Cybersecurity.

Stephan Reiß-Schmidt, geboren 1952, ist freier Berater und Autor im Themenbereich Stadt- und Regionalentwicklung. Er war von 1996 bis 2017 Leiter der Hauptabteilung Stadtentwicklungsplanung im Referat für Stadtplanung und Bauordnung der Landeshauptstadt München. Der Diplom-Ingenieur ist aktives Mitglied der Münchner Initiative für ein soziales Bodenrecht.

Stephanie Reuter ist Geschäftsführerin der Rudolf Augstein Stiftung. Zuvor leitete die studierte Journalistin sowie Kultur- und Medienmanagerin die Geschäftsstelle des Instituts für Kultur- und Medienmanagement der Hochschule für Musik und Theater Hamburg. Sie arbeitete für die Nachrichtenagentur dpa, die Sender ZDF und SWR, die Robert Bosch Stiftung und die Stiftung Zollverein. Als Visiting Nieman Fellow forschte sie 2017 an der Harvard University zu stiftungsfinanziertem Journalismus. Sie ist Steering-Committee-Mitglied des Expertenkreises Qualitätsjournalismus und Stiftungen.

Prof. Dr. Lars Rinsdorf, geboren 1971, ist Professor für Journalistik an der Hochschule der Medien Stuttgart. Er studierte Journalistik und Raumplanung an der Universität Dortmund. Von 2008 bis 2012 war er Professor für Verlagsmanagement im Studiengang Medienwirtschaft der Hochschule der Medien Stuttgart. Seit 2018 ist Rinsdorf Vorsitzender der Deutschen Gesellschaft für Publizistik- und Kommunikationswissenschaft (DGPuK). Zu seinen Lehr- und Forschungsschwerpunkten gehören Rezeptionsforschung, Redaktionsmanagement, Forschung und Entwicklung in Medienunternehmen sowie Medienmarken.

Prof. Dr. Caroline Y. Robertson-von Trotha, geboren 1951, leitet seit 2002 als Gründungsdirektorin das ZAK Zentrum für Angewandte Kulturwissenschaft und Studium Generale am Karlsruher Institut für Technologie und war dort Professorin für Soziologie und Kulturwissenschaft. Sie ist Koordinatorin des deutschen Netzwerks der Anna Lindh Stiftung, Mitglied im Fachausschuss Kultur der deutschen UNESCO-Kommission und Vorsitzende des Wissenschaftlichen Initiativkreises Kultur und Außenpolitik am Institut für Auslandsbeziehungen. Seit 2017 ist sie Mitglied des Kleinen Konvents der Schader-Stiftung.

Dr. Tobias Robischon, geboren 1963, ist Wissenschaftlicher Referent der Schader-Stiftung in Darmstadt. Er studierte Politikwissenschaft an der Universität Marburg und an der Freien Universität Berlin und promovierte am Kölner Max-Planck-Institut für Gesellschaftsforschung. Seine Arbeitsschwerpunkte sind Demokratie, Politische Ökonomie und Digitalisierung sowie Stadt- und Regionalentwicklung im Kontext gesellschaftlichen und wirtschaftlichen Wandels.

Britta Rösener, geboren 1967, lehrt und forscht seit 2001 als Wissenschaftliche Mitarbeiterin am Lehrstuhl Planungstheorie und Stadtentwicklung der RWTH Aachen University. Zudem ist sie seit 2006 als Moderatorin und Prozessgestalterin in der Stadt- und Quartiersentwicklung tätig. Von 1993 bis 2000 studierte sie Landschafts- und Freiraumplanung an der Leibniz Universität Hannover. Ihre Arbeitsschwerpunkte sind unter anderem kooperative und partizipative Stadt- und Quartiersentwicklung, urbane und soziale Transformationen sowie nachhaltige Mobilität und Klimaschutz.

Prof. Dr. Ulrike Röttger, geboren 1966, ist seit 2003 Professorin für Public Relations-Forschung an der Universität Münster. Sie studierte Journalistik und Raumplanung an der Universität Dortmund. Anschließend war sie Wissenschaftliche Mitarbeiterin an der Fachhochschule Hannover und am Institut für Journalistik der Universität Hamburg sowie von 1998 bis 2003 Assistentin und Oberassistentin am Institut für Publizistikwissenschaft und Medienforschung der Universität Zürich. Ulrike Röttger ist seit November 2019 Mitglied des Kleinen Konvents der Schader-Stiftung.

Dr. Evelyn Runge, geboren 1978, ist seit 2019 Fellow des Center for Advanced Internet Studies in Bochum. Von 2015 bis 2019 war sie Forschungsstipendiatin des Bundesministeriums für Bildung und Forschung und Principal Investigator der Martin Buber Society of Fellows in the Humanities and Social Sciences an der Hebrew University of Jerusalem. Runge studierte Politikwissenschaften, Journalistik, Neuere deutsche Literatur und Soziologie an der Ludwig-Maximilians-Universität München. Zeitgleich absolvierte sie eine Ausbildung zur Redakteurin an der Deutschen Journalistenschule in München.

Prof. Dr. Josef Rützel, geboren 1943, ist emeritierter Professor für Internationale Berufspädagogik im Fachbereich Humanwissenschaften an der Technischen Universität Darmstadt (TUD). Er studierte Maschinenbau und Betriebstechnik am Polytechnikum Friedberg, dann Lehramt an Beruflichen Schulen sowie Berufspädagogik, Psychologie und Rechtswissenschaften an der Technischen Hochschule Darmstadt. Josef Rützel promovierte und habilitierte an der Universität Dortmund und war dort Studienrat im Hochschuldienst. 1991 folgte der Ruf an die TUD.

Cornelia Saalfrank, geboren 1965, ist seit 1991 selbstständige Kunstberaterin. Sie gründete 1997 in Wiesbaden die Kunstagentur Cornelia Saalfrank, die Kunstkonzeptionen für Wirtschaftsunternehmen entwickelt. Von 2002 bis 2011 war sie ehrenamtlich für den Nassauischen Kunstverein als Vorstandsmitglied tätig. 2011 und 2015 folgten Weiterbildungen zur zertifizierten Kuratorin an der Universität der Künste und der Humboldt-Universität zu Berlin. Seit 2014 ist sie Initiatorin und Kuratorin des gemeinnützigen Kunstprojekts „tinybe", das 2021 erstmals in Frankfurt realisiert wird.

Torsten Sälinger, geboren 1969, ist Kommunikationsberater sowie Gründer und Geschäftsführer der Agentur SÄLINGER Kommunikation. Er studierte Publizistik und Kommunikationswissenschaft sowie Theater-, Film- und Fernsehwissenschaft mit Schwerpunkt Journalismus und Öffentlichkeitsarbeit an der Freien Universität Berlin. Von 2003 bis 2016 war Sälinger als Leiter der Kommunikation und Pressesprecher der Deutschen Bahn AG für Hessen, Rheinland-Pfalz und das Saarland tätig. Er ist Vorsitzender des Vorstands der Gertrud-von-Ortenberg-Bürgerstiftung.

Dr. Manfred Sapper, geboren 1962, ist seit 2002 Chefredakteur der Zeitschrift „Osteuropa" mit Sitz in Berlin. Er studierte Politikwissenschaft, Geschichte und Soziologie in Frankfurt am Main, Siena und Moskau.

Alois M. Schader, geboren 1928, ist Diplom-Ingenieur. Er war freiberuflich als beratender Bauingenieur tätig. 1988 gründete er die Schader-Stiftung in Darmstadt und ist bis heute deren Finanzvorstand. Er wurde 2013 mit der Leibniz-Medaille der Berlin-Brandenburgischen Akademie der Wissenschaften ausgezeichnet und erhielt 2015 die Johann-Heinrich-Merck-Ehrung der Wissenschaftsstadt Darmstadt. Am 16. Juli 2019 wurde ihm die Ehrensenatorenwürde der Technischen Universität Darmstadt verliehen.

Jens Scheller, geboren 1965, ist seit 2009 Leiter des Freilichtmuseums Hessenpark. Er absolvierte eine Ausbildung zum Bankkaufmann und studierte Geographie und Kulturanthropologie an der Goethe-Universität Frankfurt am Main. Nach einer freiberuflichen Phase wechselte er als Wissenschaftlicher Mitarbeiter an das Institut für Kulturgeographie, Stadt- und Regionalforschung der Goethe-Universität. Von 2001 bis 2008 war Jens Scheller Erster Beigeordneter im damaligen Planungsverband Frankfurt/Rhein-Main.

Karl-Christian Schelzke, geboren 1950, ist seit 1999 Geschäftsführender Direktor des Hessischen Städte- und Gemeindebunds und Rechtsanwalt. Er studierte Rechtswissenschaften, Politikwissenschaft und Philosophie in Frankfurt am Main und Gießen und war als Strafverteidiger, Staatsanwalt und als Dozent an der Verwaltungsfachhochschule Wiesbaden tätig. 1986 wurde er Referatsleiter im Hessischen Ministerium der Justiz, ab 1989 als Oberstaatsanwalt. Von 1992 bis 1999 war er Bürgermeister der Stadt Mühlheim am Main. Er absolvierte zudem ein Weiterbildendes Studium im Fach Mediation.

Wiebke Schindel, geboren 1965, leitet das Referat für Integrationsförderung und Modellprojekte der Integrationsabteilung im Hessischen Ministerium für Soziales und Integration. Sie studierte Politikwissenschaft, Geschichte und Volkswirtschaft an der Technischen Universität Darmstadt. Seit 1992 ist sie für die Hessische Landesregierung tätig und dort aktuell für das Landesprogramm „WIR" zuständig.

Prof. Dr. Liane Schirra-Weirich, geboren 1960, ist seit 2010 Prorektorin für Forschung und Weiterbildung und seit 1999 Professorin für das Lehrgebiet Soziologie an der Katholischen Hochschule Nordrhein-Westfalen. Nach ihrem Studium war sie Wissenschaftliche Mitarbeiterin und Lehrbeauftragte an der RWTH Aachen. Ihre Schwerpunkte sind unter anderem Versorgungsforschung sowie Alter(n) in einer demographisch sich wandelnden Gesellschaft. Sie ist stellvertretende Sprecherin des Instituts für Teilhabeforschung an der KatHO NRW und seit 2016 Vorstandsmitglied des Graduierteninstituts NRW.

Dr. Gabriele Schmidt, geboren 1977, ist seit 2018 Geschäftsführerin der Vereinigung für Stadt-, Regional- und Landesplanung (SRL) e.V. in Berlin. Sie studierte Politikwissenschaften sowie Stadt- und Regionalplanung. In ihrer Dissertation am Georg-Simmel-Zentrum für Metropolenforschung der Humboldt-Universität zu Berlin untersuchte sie die Einflussmöglichkeiten zivilgesellschaftlicher Akteure in lokalen Governance-Arrangements. Vor ihrer Tätigkeit bei der SRL war Gabriele Schmidt fünf Jahre für die Wissenschaftskommunikation der Akademie für Raumforschung und Landesplanung verantwortlich.

Dr. Dieter Schneberger, geboren 1958, ist Verantwortlicher Redakteur des epd-Landesdienstes Mitte-West in Frankfurt am Main und Lehrbeauftragter am Institut für Publizistik der Universität Mainz. Er studierte Publizistik, Politikwissenschaft und Englische Philologie an der Universität Mainz. Nach einer Tätigkeit als Wissenschaftlicher Mitarbeiter am Institut für Demoskopie Allensbach wurde Schneberger 1990 promoviert. Von 1989 bis 1990 absolvierte er ein Volontariat beim „Wiesbadener Kurier" und war danach Politikredakteur bei der „Oberhessischen Presse" in Marburg.

Prof. Dr. Jörg Schneider, geboren 1970, ist seit 2016 Professor für Systematische und Praktische Theologie an der Evangelischen Hochschule Moritzburg. Sein Studium der Evangelischen Theologie absolvierte er in Tübingen, Jerusalem und Berlin. Von 2002 bis 2004 und ab 2011 war er Wissenschaftlicher Angestellter am Lehrstuhl für Praktische Theologie der Universität Tübingen und dort ab 2014 Landeskirchlicher Assistent beim Studiendekan. Von 2007 bis 2011 war er als Pfarrer tätig. Er habilitierte sich im Fach Praktische Theologie mit einer Arbeit zu Dynamiken der Glaubenspraxis.

Dr. Harald Schöning, geboren 1961, ist Vice President Research bei der Software AG in Darmstadt, die, wie auch die Schader-Stiftung, Partnerin der Hochschule Darmstadt im Projekt „Systeminnovation für Nachhaltige Entwicklung (s:ne)" ist. Er studierte Informatik und Wirtschaftswissenschaften an der Universität Kaiserslautern, wo er als Wissenschaftlicher Mitarbeiter tätig war und 1992 promovierte. Er ist Sprecher des Software-Campus, Co-Vorsitzender im Forschungsbeirat Industrie 4.0, Mitglied im Lenkungskreis der Plattform Industrie 4.0 und des Rats für Informationsinfrastrukturen.

Prof. Dr. Dr. Herbert Schubert, geboren 1951, ist Inhaber des Büros Sozial. Raum.Management in Hannover. Der studierte Sozial- und Raumwissenschaftler wurde 1987 zum Dr. phil. promoviert und habilitierte sich 1998 im Fach Gartenbauwissenschaften. Als außerplanmäßiger Professor lehrt er Architektursoziologie an der Fakultät für Architektur und Landschaft der Leibniz Universität Hannover. Von 1999 bis 2017 war er Professor für Soziologie und Sozialmanagement an der Technischen Hochschule Köln und dort Direktor des Instituts für Management und Organisation in der Sozialen Arbeit.

Peter Schug, geboren 1956, ist Oberstudiendirektor und Schulleiter der Heinrich-Emanuel-Merck-Schule in Darmstadt. Zuvor leitete er das Berufliche Schulzentrum des Odenwaldkreises. Schug studierte an der Technischen Universität Darmstadt Maschinenbau und Gewerbelehramt. Er war zudem Dozent für Internationale Betriebswirtschaftslehre an der Hochschule Darmstadt, Referent im Bereich Qualifizierung schulischer Führungskräfte an der Hessischen Lehrkräfteakademie und konzeptioneller Mitarbeiter an schulübergreifenden Projekten im Hessischen Kultusministerium.

Philipp Schulz, geboren 1995, ist Doktorand am Geographischen Institut der Universität Heidelberg. In seinem Promotionsprojekt untersucht er die Frage der Vereinbarkeit von Digitalisierung und Nachhaltigkeit im Rahmen aktueller Stadtentwicklungsprozesse. Philipp Schulz studierte Geographie an der Universität Heidelberg. Im Rahmen des Sommercamps 2019 der Schader-Stiftung „Echt kommunikativ?“ entwickelte er mit seiner Arbeitsgruppe das Projekt „Be Local“, eine lokal-globale Begegnungsplattform. 2019 wurde er in den Kleinen Konvent der Schader-Stiftung berufen.

Dr. Matthias Schulze-Böing, geboren 1954, ist seit 1995 Leiter des Amtes für Arbeitsförderung, Statistik und Integration der Stadt Offenbach und seit 2005 zusätzlich Geschäftsführer von MainArbeit – Kommunales Jobcenter Offenbach. Schulze-Böing studierte von 1974 bis 1980 Soziologie und Volkwirtschaftslehre an der Goethe-Universität Frankfurt am Main und promovierte an der Freien Universität Berlin. Er ist Vorstandsvorsitzender des Vereins Beschäftigungspolitik: kommunal e.V. sowie Sprecher des Bundesnetzwerks Jobcenter.

Michael Seidel, geboren 1990, ist Entrepreneur und Innovationsforscher des Media Labs Bayern. Mit interdisziplinärer Methodik der Wirtschafts-, Computer- und Medienwissenschaften widmet er sich dort aktuell dem Projekt „Meta.Link“, welches die Wirkung wissenschaftlicher Erkenntnisse durch eine KI-gestützte Kollaborationsplattform für Medienakteure und Experten verbessern will. Er war von 2013 bis 2019 unter anderem für Deutschlandfunk Kultur, Hit Radio FFH und den Hessischen Rundfunk als Journalist tätig.

Prof. Dr. Hanns H. Seidler, geboren 1943, studierte Rechtswissenschaften an den Universitäten Frankfurt am Main, Berlin und Freiburg und promovierte 1972 in Freiburg. Seidler war Referent in der Hochschulleitung und von 1985 bis 2007 Kanzler der Technischen Universität Darmstadt, daneben Sprecher der deutschen Universitätskanzler. Von 2002 bis 2016 war er Vorstand des Zentrums für Wissenschaftsmanagement in Speyer. Seidler gehörte von 2013 bis 2017 dem Stiftungsrat der Schader-Stiftung an, zuletzt als dessen stellvertretender Vorsitzender.

Prof. Dr. Stefan Selke, geboren 1967, ist Professor für das Lehrgebiet Soziologie und Gesellschaftlicher Wandel sowie Forschungsprofessor für Transformative und Öffentliche Wissenschaft an der Hochschule Furtwangen. Er studierte Luft- und Raumfahrttechnik, dann Soziologie, Philosophie sowie Anthropologie und promovierte im Fach Soziologie an der Universität Bonn. Selke forscht zu den Themen Armutsökonomie, digitale Transformation, dem Verhältnis sozialer und technologischer Utopien sowie zu Öffentlicher Soziologie. Er ist seit 2014 Mitglied des Kleinen Konvents der Schader-Stiftung.

Christel Shelton, geboren 1968, ist Polizeihauptkommissarin beim Polizeipräsidium Südhessen in Darmstadt. Ihr Einsatzbereich ist die Polizeiliche Beratungsstelle des Polizeipräsidiums Südhessen, ihr spezieller Aufgabenbereich ist die „Städtebauliche Kriminalprävention". Christel Shelton gehört dem Personal-Pool für polizeiliche Auslandsmissionen an. So war sie unter anderem 15 Monate im UN-Einsatz im Kosovo und für die Grenzschutzorganisation Frontex in einem Flüchtlingslager auf der Insel Samos eingesetzt.

Jula-Kim Sieber, geboren 1979, ist seit 2010 Inhaberin des Architekturbüros ar2com – kommunikative architektur in Darmstadt. Zudem ist sie als Projektleiterin in einem Bau- und Stadtplanungsbüro tätig. Sie absolvierte ein Architekturstudium an der Technischen Universität Dresden und der ETSA Madrid. Von 2008 bis 2012 lehrte sie an der Technischen Universität Darmstadt im Fachgebiet Planen und Bauen in außereuropäischen Regionen. Sie ist Vorsitzende des Vorstands der Werkbundakademie Darmstadt e.V. und Gründerin der Sommerakademie PoolPlay. Außerdem ist sie als Liedermacherin aktiv.

Prof. Dr. Wolfgang Sonne, geboren 1965, ist seit 2007 Professor für Geschichte und Theorie der Architektur an der Technischen Universität Dortmund. Er studierte Kunstgeschichte und Klassische Archäologie in München, Paris und Berlin und promovierte an der ETH Zürich. Er lehrte unter anderem an der ETH Zürich und der University of Strathclayde in Glasgow. Seine Schwerpunkte sind Architektur und Städtebau des 19. bis 21. Jahrhunderts. Sonne ist Wissenschaftlicher Leiter des Baukunstarchivs NRW sowie stellvertretender Direktor des Deutschen Instituts für Stadtbaukunst.

Prof. Dr. Annette Spellerberg ist seit 2008 Professorin für Stadtsoziologie an der Technischen Universität Kaiserslautern. Sie absolvierte ihr Studium der Soziologie, Politik, Psychologie und Pädagogik an der Freien Universität Berlin. Anschließend war sie unter anderem als Wissenschaftliche Mitarbeiterin am Wissenschaftszentrum Berlin für Sozialforschung, Abteilung Sozialstruktur und Sozialberichterstattung und Wissenschaftliche Assistentin an der Universität Bamberg tätig. Zu ihren Schwerpunkten zählen Stadt- und Regionalsoziologie, Sozialstrukturanalyse sowie Lebensstilforschung, Wohnen und Nachbarschaft.

Prof. Dr. Christian Stegbauer, geboren 1960, ist außerplanmäßiger Professor für Soziologie an der Goethe-Universität Frankfurt. Er studierte Soziologie, Sozialpsychologie, Statistik und Wirtschaftsgeographie in Frankfurt. Es folgten Tätigkeiten an der Technischen Universität Darmstadt, bei Nielsen-Marketing Research und an der Universität Frankfurt. Er ist Mitbegründer der Sektion Soziologische Netzwerkforschung der Deutschen Gesellschaft für Soziologie, Mitinitiator der Initiative interdisziplinäre Netzwerkforschung und Vorsitzender der Deutschen Gesellschaft für Netzwerkforschung.

Prof. Dr.-Ing. Ursula Stein, geboren 1957, ist Diplom-Ingenieurin und Inhaberin des Büros Stein Stadt- und Regionalplanung. Sie studierte Raumplanung an der Universität Dortmund, an der sie zu dem Thema „Lernende Stadtregion" im Jahr 2006 promovierte. Ursula Stein ist seit 2005 Honorarprofessorin für Kommunikation in der Planung an der Universität Kassel. Seit 2019 ist sie Mitglied des Internationalen Fachbeirats der REGIONALE 2025 „Südwestfalen – Digital, nachhaltig, authentisch". Ein aktuelles Projekt ist die „Raumentwicklungsperspektive für die Tagebaufolgelandschaft Hambach".

Prof. Dr. Ralph Stengler, geboren 1956, ist seit 2010 Präsident der Hochschule Darmstadt und seit 1991 Professor für Messtechnik und Qualitätsmanagement am Fachbereich Maschinenbau und Kunststofftechnik. Er studierte Physik in Mainz und Bonn, promovierte 1988 in Mainz und war dann im Prozess- und Materialqualitätsmanagement tätig. Von 2016 bis 2018 hatte er den Vorsitz der Hochschulen für Angewandte Wissenschaften Hessen inne. Er ist unter anderem Mitglied in der Deutschen Gesellschaft für Qualität. 2012 wurde ihm eine Ehrenprofessur der Technischen Universität in Uljanowsk verliehen.

Prof. Dr. Richard Sturn, geboren 1956, ist seit 1997 Professor und seit 2006 Leiter des Instituts für Finanzwissenschaft und Öffentliche Wirtschaft an der Universität Graz. 2015 folgte die Ernennung zum Joseph A. Schumpeter Professor für Innovation, Entwicklung und Wachstum. Zudem leitet er das Graz Schumpeter Centre. Er studierte Volkswirtschaftslehre und promovierte an der Universität Wien. Nach einer Gastprofessur an der University of Minnesota habilitierte Sturn 1996. Er ist unter anderem Vorsitzender des Ausschusses „Wirtschaftswissenschaften und Ethik" des Vereins für Socialpolitik.

Prof. Dr. Georgios Terizakis, geboren 1975, ist Professor für Politikwissenschaft an der Hessischen Hochschule für Polizei und Verwaltung. Nach seinem Studium und der Promotion an der Technischen Universität Darmstadt (TUD) arbeitete er bei der Landeshauptstadt Hannover und anschließend als Hochschul-Praxis-Koordinator im LOEWE-Forschungsschwerpunkt „Eigenlogik der Städte" sowie als Wissenschaftlicher Mitarbeiter am Institut für Politikwissenschaft der TUD. Von 2017 bis 2019 war er Dozent für Sozialwissenschaften an der Hochschule der Polizei des Landes Rheinland-Pfalz.

Günther Teufel, geboren 1946, ist Diplom-Wirtschaftsingenieur und arbeitet als Berater. Er war für verschiedene Privatbanken in leitender Position, unter anderem als persönlich haftender Gesellschafter, tätig. Sein Arbeitsschwerpunkt ist die Strukturierung von Privat-, Stiftungs- und anderem Vermögen. Er war Mitglied der Kuratoriumsleitung und von Dezember 2012 bis Mai 2013 Vorsitzender des Vorstands der Schader-Stiftung. Derzeit ist er Vorsitzender des Vorstands der Stiftung Konzertchor Darmstadt.

Philipp Thoma, geboren 1979, ist seit 2017 Bürgermeister der Gemeinde Fischbachtal. Er ist Bankkaufmann und studierte Wirtschaftspädagogik in Konstanz mit Abschluss Diplom-Handelslehrer. Von 2006 bis 2017 unterrichtete er an einer Beruflichen Schule und war zeitweise Ausbildungsbeauftragter am Studienseminar in Darmstadt. Von 2014 bis 2017 war der Oberstudienrat zudem an das Staatliche Schulamt für den Landkreis Bergstraße und den Odenwaldkreis abgeordnet. Er ist Beisitzer im Vorstand der SPD Darmstadt-Dieburg. Philipp Thoma gehört seit 2019 dem Stiftungsrat der Schader-Stiftung an.

Prof. Dr. Peter F. Titzmann, geboren 1973, ist seit 2016 Professor für Entwicklungspsychologie an der Leibniz Universität Hannover. Er studierte an der Universität Greifswald Psychologie und promovierte an der Universität Jena. Von 2012 bis 2015 war er Assistenzprofessor für Lebenslauf und Kompetenzentwicklung im Kindes- und Jugendalter an der Universität Zürich. Anschließend hatte er eine Professur für Psychologie an der Pädagogischen Hochschule Weingarten inne. Seine Forschung bezieht sich vor allem auf das Zusammenspiel aus Migration, Akkulturation und normativer Entwicklung.

Canan Topçu, geboren 1965, ist Journalistin und Moderatorin mit Schwerpunkt auf den Themen Integration, Migration, Medien, Islam und muslimisches Leben in Deutschland. Topçu studierte Geschichte und Literaturwissenschaft an der Universität Hannover. Von 1999 bis 2012 war sie Redakteurin der „Frankfurter Rundschau". Sie lehrt als Dozentin an der Hochschule Darmstadt und an der Hessischen Hochschule für Polizei und Verwaltung. Topçu ist Mitbegründerin der Neuen Deutschen Medienmacher e.V. und engagiert sich beim Runden Tisch Interkultureller Mediendialog Rhein-Main.

Anna-Lena Treitz, geboren 1996, ist seit 2018 als Studentische Mitarbeiterin der Schader-Stiftung tätig, seit 2019 verantwortet sie schwerpunktmäßig die Organisation des Großen Konvents und des Kleinen Konvents der Stiftung. Zuvor war sie Praktikantin der Schader-Stiftung. Sie studierte Soziologie und Politikwissenschaft an der Goethe-Universität Frankfurt am Main, schloss mit dem Bachelor ab und absolviert nun dort ihr Masterstudium im Fach Soziologie. Seit Anfang 2018 ist sie als freie Mitarbeiterin für den Lokalteil der Tageszeitung „Darmstädter Echo" tätig.

Dirk Uhlemann, geboren 1962, ist seit 2006 selbständiger Berater und Entrepreneur mit Fokus auf Innovationen für Nachhaltigkeitsentwicklung. Nach seinem Studium der Elektronik in Stockholm war er in verschiedenen internationalen Konzernen der Informations- und Kommunikationstechnologie tätig. Dabei trug er Führungsverantwortung in der Innovations- und Marktentwicklung. Seit mehreren Jahren engagiert er sich in den Bereichen Bildung, Digitalisierung, grüne und nachhaltige Chemie sowie Energiewirtschaft. Zudem moderiert er verschiedene Bürgerbeteiligungs- und Stakeholder-Dialoge.

Dr. Gotlind Ulshöfer ist Privatdozentin und forscht an der Universität Tübingen zu einer Ethik der Macht im digitalen Zeitalter. Sie ist Pfarrerin und Diplom-Volkswirtin und studierte in Tübingen, Jerusalem, Heidelberg und Princeton. Von 2001 bis 2016 war sie Studienleiterin an der Evangelischen Akademie Frankfurt. Ulshöfer war als Gast- und Vertretungsprofessorin am Union Theological Seminary, USA, an der Universität Zürich, der Universität Bamberg und der Augustana-Hochschule in Neuendettelsau/Bayern tätig.

Prof. Dr. Joachim Valentin, geboren 1965, ist seit 2005 Direktor des Hauses am Dom, Katholische Akademie sowie außerplanmäßiger Professor für christliche Religions- und Kulturtheorie an der Goethe-Universität Frankfurt. Er studierte Katholische Theologie und Philosophie in Freiburg i.Br., promovierte im Fach Fundamentaltheologie und ist Pastoralreferent. Er war Wissenschaftlicher Assistent für Religionsgeschichte in Freiburg und habilitierte dort. Valentin ist unter anderem Mitglied des Rundfunkrates des Hessischen Rundfunks und Vorstandsvorsitzender des Frankfurter Rates der Religionen.

Prof. Dr. Annette Verhein-Jarren, geboren 1958, ist seit 1998 Professorin für Kommunikation an der Hochschule für Technik Rapperswil (HSR). Sie studierte Germanistik und Geschichte an der Universität Hamburg, wo sie nach ihrem Staatsexamen für das Lehramt an Gymnasien in Linguistik promovierte. Danach arbeitete sie zehn Jahre als Pressesprecherin. An der HSR ist sie Leiterin der Fachgruppe Kommunikation sowie Partnerin im Institut für Kommunikation und interkulturelle Kompetenz. Sie ist Mitglied im Beirat Aus- und Weiterbildung beim Berufsverband für technische Redakteure, tekom e.V.

Wolfgang Voegele, geboren 1943, ist seit 1973 als freier Stadtplaner und Architekt für Städte und Gemeinden in der Stadterneuerung tätig. Er studierte Architektur und Stadtplanung in Karlsruhe und war Lehrbeauftragter an der Hochschule für Technik Stuttgart, an der Universität Kaiserslautern und der Bauhaus-Universität Weimar. Er ist Mitglied der Akademie für Städtebau und Landesplanung, des Werkbundes Baden-Württemberg und der Vereinigung für Stadt-, Regional- und Landesplanung. Als Vorsitzender der Egon Eiermann Gesellschaft ist er für die Digitalisierung von dessen Werkarchiv zuständig.

Prof. Dr. Ismeni Walter, geboren 1967, ist seit 2014 Professorin im Studiengang Ressortjournalismus an der Hochschule für angewandte Wissenschaften Ansbach. Walter studierte Biologie an der Technischen Universität München. Nach einem Forschungsjahr an der Harvard Medical School promovierte sie auf dem Gebiet der marinen Ökotoxikologie an der Universität Hamburg. Sie arbeitet zudem als freie Journalistin für Wissenschaft und Umwelt mit Schwerpunkt audiovisuelle Medien und TV in Köln, vorwiegend für die Programmgruppe Wissenschaft des Westdeutschen Rundfunks.

Sina Wans, geboren 1991, ist Wissenschaftliche Mitarbeiterin im Bereich Kulturwandel und Transfer des Projekts „Systeminnovation für Nachhaltige Entwicklung (s:ne)" der Hochschule Darmstadt, an dem unter anderem die Schader-Stiftung als Partner mitwirkt. Sie ist zudem Co-Founderin der Beratung für transformative Nachhaltigkeitslösungen „Sustainable Thinking". Sina Wans studierte International Fashion Retail und absolvierte den Masterstudiengang Risk Assessment and Sustainability Management in Darmstadt. Ihre Schwerpunkte sind unter anderem Organisationskultur und transformative Prozesse.

Dennis Weis, geboren 1987, ist seit 2018 Wissenschaftlicher Referent der Schader-Stiftung. Er studierte im Grundstudium Internationale Entwicklungszusammenarbeit an der Universität Wien und schloss seinen Master of Science im Fach International Public Management and Policy an der Erasmus Universität zu Rotterdam ab. Dennis Weis betreute bis 2019 schwerpunktmäßig das Projekt „Integrationspotenziale in Gesellschaftswissenschaften und Praxis" der Schader-Stiftung und im Anschluss das Projekt „Integrationspotenziale finden Stadt".

Prof. Dr. Dr. h.c. Johannes Weiß, geboren 1941, war Professor für Soziologische Theorie, Sozialphilosophie und Kultursoziologie an der Universität Kassel. Er studierte Soziologie an der Universität zu Köln, wo er im Fach Philosophie promovierte, und habilitierte sich an der Universität Duisburg für das Lehrgebiet Soziologie und Philosophie der Sozialwissenschaften. Weiß war zudem Gründungsdirektor des Instituts für Kulturwissenschaften der Universität Leipzig, Fellow des Kollegs Friedrich Nietzsche in Weimar und Fellow des Max-Weber-Kollegs der Universität Erfurt.

Prof. Dr. Petra Werner, geboren 1966, ist Professorin für Journalistik am Institut für Informationswissenschaft und Mitglied im Forschungsschwerpunkt „Digitale Technologien und Soziale Dienste“ an der Technischen Hochschule Köln. Sie studierte Journalistik und Sozialwissenschaften, war als Wissenschaftliche Mitarbeiterin am Institut für Journalistik der Universität Dortmund tätig und promovierte dort. In der Deutschen Gesellschaft für Publizistik und Kommunikationswissenschaft ist sie als stellvertretende Sprecherin der Fachgruppe Journalistik/Journalismusforschung aktiv.

Peter Werner, geboren 1953, war von 1983 bis 2018 Wissenschaftlicher Mitarbeiter am Institut Wohnen und Umwelt (IWU) in Darmstadt. Er absolvierte ein Studium der Biologie an der Freien Universität (FU) Berlin. Von 1981 bis 1983 war der Diplom-Biologe als Wissenschaftlicher Mitarbeiter an der FU Berlin in dem Forschungsprojekt „Untersuchungen zur ökologischen Bedeutung von industriellen Brach- und Restflächen Berlin“ tätig. Seine Forschungsthemen im IWU waren Stadtökologie und nachhaltige Stadtentwicklung, ein Schwerpunkt lag dabei auf dem Gebiet der biologischen Vielfalt in Städten.

Dr.-Ing. Elena Wiezorek, geboren 1975, ist Hauptgeschäftsführerin der Architektenkammer Rheinland-Pfalz sowie Vorsitzende der Landesgruppe Hessen, Rheinland-Pfalz, Saarland der Deutschen Akademie für Städtebau und Landesplanung (DASL). Die Vermessungstechnikerin und studierte Stadtplanerin promovierte 2008 zum Thema „Eigentümerstandortgemeinschaften und Urban Governance“ über kollektives Handeln in Wohnquartieren im demografischen Wandel. Zuvor war sie unter anderem als Projektleiterin in der Stadtsanierung und als Geschäftsführerin einer City-Management-Gesellschaft tätig.

Karin Wolff, geboren 1959, ist seit Oktober 2019 Geschäftsführerin der Gemeinnützigen Kulturfonds Frankfurt RheinMain GmbH. Sie studierte Geschichte und Theologie in Mainz und Marburg. Von 1995 bis 2019 war sie Landtagsabgeordnete, von 1999 bis 2008 Hessische Kultusministerin. Sie amtierte als stellvertretende Ministerpräsidentin und ist im CDU-Landesvorstand. Ab 1989 war sie mehrfach Stadtverordnete der Wissenschaftsstadt Darmstadt. Wolff gehört dem Kuratorium der Evangelischen Hochschule Darmstadt und dem Stiftungsrat der Schader-Stiftung an, seit 2018 als stellvertretende Vorsitzende.

Dr. Anna Zdiara, geboren 1982, ist seit 2018 Städtebauliche Referentin im Baudezernat der Wissenschaftsstadt Darmstadt. Sie studierte Sozialwissenschaften im Global Studies Programme an der Albert-Ludwigs-Universität Freiburg und promovierte 2013 an der Technischen Universität Darmstadt. Anschließend war Zdiara Wissenschaftliche Mitarbeiterin am Fachgebiet Entwerfen und Stadtplanung der Technischen Universität Darmstadt.

Peter Zoche, geboren 1951, ist Vorstand des Freiburger Instituts für angewandte Sozialwissenschaft FIFAS. Er studierte Soziologie und Psychologie an der Universität Freiburg. Am Fraunhofer-Institut für System- und Innovationsforschung ISI leitete er die interdisziplinäre Forschungsabteilung auf dem Gebiet moderner Informations- und Kommunikationssysteme, die Geschäftsstelle des ISI im Büro für Technikfolgen-Abschätzung beim Deutschen Bundestag und gehörte dem internen Führungskreis der Institutsleitung an.

Dr. Nils Zurawski, geboren 1968, ist Soziologe und Anthropologe und arbeitet als Wissenschaftler am Institut für Kriminologische Sozialforschung der Universität Hamburg. Von 2015 bis 2018 forschte er im Projekt „Reconfiguring Anonymity" zu „Police, Anonymity and Power". Er studierte Soziologie, Ethnologie und Geographie in Münster, wo er 1999 promovierte. Es folgten Forschungsprojekte im In- und Ausland. 2013 wurde er an der Technischen Universität Darmstadt habilitiert. Er schreibt zum Thema Überwachung und arbeitet als Konfliktberater und Mediator, auch für die Universität Hamburg.

7 Wahl zum Kleinen Konvent

Die Mitglieder des Großen Konvents wählen jeweils bei ihrer Jahrestagung im November aus den Reihen der Gesellschaftswissenschaftlerinnen und Gesellschaftswissenschaftler einen Kleinen Konvent, der als zentrales Beratungs- und Begutachtungsgremium die Aufgabe hat, mit dem Vorstand gemeinsam die kommende Konventstagung vorzubereiten, Kooperationsanträge zu begutachten und die Stiftung in wissenschaftlichen Fragen zu beraten.

Der Kleine Konvent besteht aus sechs Personen und soll ein weiteres Mitglied als Vertretung der nächsten akademischen Generation kooptieren. Zuletzt waren am 9. November 2018 zwei Mitglieder des Kleinen Konvents durch den sechsten Großen Konvent für die Amtszeit 2019/2020 bestätigt und ein Mitglied neu gewählt worden:

- *Prof. Dr. Gisela Kubon-Gilke,*
  Evangelische Hochschule Darmstadt (seit 2018)
- *Prof. Dr. Stefan Selke,*
  Hochschule Furtwangen (seit 2014)
- *Prof. Dipl.-Ing. Julian Wékel,*
  Deutsche Akademie für Städtebau und Landesplanung, Berlin (seit 2014)

Die Wahl zum Kleinen Konvent unterliegt folgenden Grundregeln:

- Wählbar sind Gesellschaftswissenschaftlerinnen und Gesellschaftswissenschaftler im Verständnis von § 2 (2) der Satzung.
- Es muss mindestens je ein Mitglied des Kleinen Konvents dem Bereich der Soziologie, der Politikwissenschaft sowie der Publizistik- und Kommunikationswissenschaft angehören.
- Es dürfen nicht gleichzeitig mehrere Mitglieder des Kleinen Konvents einer Hochschule oder einem Institut angehören.
- Gewählt werden immer drei Mitglieder auf jeweils zwei Jahre.
- Das passive Wahlrecht ist nicht an die Präsenz bei der Tagung
- des Großen Konvents gebunden.
- Das aktive Wahlrecht kann nur persönlich während der Tagung des Großen Konvents wahrgenommen werden.

- Um gewählt zu werden, muss eine Person mindestens die Hälfte der abgegebenen Stimmen erreichen.
- Eine direkte Wiederwahl ist zweimalig möglich.
- Die Wahlliste wird von Vorstand und amtierendem Kleinen Konvent aufgestellt.

Eine Aufgabe des Kleinen Konvents ist es, ein Mitglied der nächsten akademischen Generation aus dem Bereich der Gesellschaftswissenschaften zu kooptieren. Für dieses stimmberechtigte Mitglied gilt eine Berufungszeit von zwei Jahren.

Im November 2019 wurde als Mitglied der nächsten akademischen Generation in den Kleinen Konvent kooptiert:

- Philipp Schulz M.Sc., Universität Heidelberg

Die Wahl zum Kleinen Konvent wurde ordnungsgemäß während der Jahrestagung des Großen Konvents am 8. November 2019 vollzogen. Im Fall von Caroline Y. Robertson-von Trotha fand eine Wiederwahl statt, sie gehört dem Kleinen Konvent seit 2017 an, Anselm Hager und Ulrike Röttger kandidierten erstmals. Die Kandidierenden hatten Gelegenheit, sich persönlich vorzustellen. Die Wahlbeteiligung lag bei 72 Prozent.

Jedes Mitglied des Großen Konvents hatte drei Stimmen. Dabei entfielen auf die Kandidierenden Stimmen in folgender prozentualer Verteilung:

Prof. Anselm Hager Ph.D.	83 %
Prof. Dr. Caroline Y. Robertson-von Trotha	90 %
Prof. Dr. Ulrike Röttger	91 %

Prof. Anselm Hager Ph.D., geboren 1988, ist seit 2019 Juniorprofessor für Internationale Politik an der Humboldt-Universität zu Berlin. Er studierte an der London School of Economics und an der Columbia University, New York, wo er sich 2017 promovierte. Ab 2017 war er Juniorprofessor für Political Economy an der Universität Konstanz. Er ist Gastwissenschaftler am Wissenschaftszentrum Berlin für Sozialforschung. Zudem engagiert er sich in der Evaluation von Entwicklungsprojekten im subsaharischen Afrika. Hager ist Mitglied im Fachbeirat Integrationspotenziale der Schader-Stiftung.

„Ich bin seit zwei Jahren Mitglied des Integrationsbeirats der Schader-Stiftung. Die Zusammenarbeit hat mir sehr viel Spaß bereitet. Inhaltlich beschäftige ich mich mit Entwicklung, aber auch mit Gewalt, fokussiert auf das subsaharische Afrika. Ein weiterer Bestandteil meiner Arbeit ist das Gebiet Migration und Integration. Ich habe mich in meiner bislang recht kurzen wissenschaftlichen Karriere immer dafür eingesetzt, dass meine Forschung breit rezipiert und in die Öffentlichkeit getragen wird. Dabei ist mir etwa der Austausch mit Journalistinnen und Journalisten wichtig. Ich halte den Dialog zwischen Wissenschaft und Praxis für entscheidend. Ich würde mich sehr freuen, im Kleinen Konvent die wissenschaftliche Entwicklung der Schader-Stiftung weiter zu begleiten, mich einzubringen und die regelmäßig stattfindenden spannenden Formate zu unterstützen."

Prof. Anselm Hager Ph.D.

Prof. Dr. Caroline Y. Robertson-von Trotha, geboren 1951, leitet seit 2002 als Gründungsdirektorin das ZAK Zentrum für Angewandte Kulturwissenschaft und Studium Generale am Karlsruher Institut für Technologie (KIT) und war dort Professorin für Soziologie und Kulturwissenschaft. Sie ist Koordinatorin des deutschen Netzwerks der Anna Lindh Stiftung, Mitglied im Fachausschuss Kultur der deutschen UNESCO-Kommission und Vorsitzende des Wissenschaftlichen Initiativkreises Kultur und Außenpolitik am Institut für Auslandsbeziehungen. Seit 2017 ist sie Mitglied des Kleinen Konvents der Schader-Stiftung.

„Ich bin Soziologin und Kulturwissenschaftlerin und Gründungsdirektorin des Zentrums für Angewandte Kulturwissenschaft und Studium Generale am Karlsruher Institut für Technologie. Ich beschäftige mich weiterhin mit Themen der Migration, der Globalisierung und der Identitätsbildung in diesen komplexen Zeiten. Wichtig sind mir zudem neue Formate der öffentlichen Wissenschaft und des Wissenschaftstransfers. In meiner ehrenamtlichen Arbeit bei der Anna Lindh Stiftung geht es um die kulturelle Verständigung zwischen zivilgesellschaftlichen Akteuren aus zweiundvierzig Ländern. Es ist mir eine große Freude, hier in der Schader-Stiftung ein klein wenig gewirkt zu haben. Ich würde mich freuen, wenn das – in einem neu zusammengesetzten Kleinen Konvent – weiterhin möglich wäre."

Prof. Dr. Caroline Y. Robertson-von Trotha

Prof. Dr. Ulrike Röttger, geboren 1966, ist seit 2003 Professorin für Public Relations-Forschung an der Universität Münster. Sie studierte Journalistik und Raumplanung an der Universität Dortmund. Anschließend war sie Wissenschaftliche Mitarbeiterin an der Fachhochschule Hannover und am Institut für Journalistik der Universität Hamburg sowie von 1998 bis 2003 Assistentin und Oberassistentin am Institut für Publizistikwissenschaft und Medienforschung der Universität Zürich. Von 2008 bis 2010 war sie Vorsitzende der Deutschen Gesellschaft für Publizistik- und Kommunikationswissenschaft.

„Ich bin Professorin für Public Relations-Forschung an der Universität Münster. Ich befasse mich mit der strategischen Kommunikation von Organisationen. In den letzten Jahren habe ich mich stark mit der Frage der Kommunikation gesellschaftlicher Verantwortung und mit Fragen des Vertrauens in digitale Öffentlichkeiten beschäftigt. Meine Forschungsschwerpunkte sind interdisziplinär geprägt, dabei erlebe ich die Chancen und Herausforderungen von Kooperationen. Wenn ich eins gelernt habe, dann dass Interdisziplinarität nur funktioniert, wenn es Orte des Austauschs gibt. Die Schader-Stiftung ist dabei ein einzigartiger Ort, an dem Verständigung stattfinden und eine gemeinsame Sprache gefunden werden kann. Der Dialog geschieht hier zwischen den Disziplinen ebenso wie zwischen Wissenschaft und Gesellschaft. Gerne würde ich all das unterstützen. Deshalb reizt mich die Mitarbeit im Kleinen Konvent der Schader-Stiftung."

Prof. Dr. Ulrike Röttger

Vorstand und Kleiner Konvent der Schader-Stiftung danken dem Team der Geschäftsstelle für die Durchführung des Großen Konvents 2019. Im Bild (v.l.n.r.): Nadja Möglich, Simone Mundinger, Helene Pleil, Tobias Robischon, Karen Lehmann, Justus Heinecker, Till Miethe, Peter Lonitz, Anna-Lena Treitz, Alexander Hinz, Alla Stoll, Kirsten Mensch, Alexander Gemeinhardt, Michèle Bernhard, Monika Berghäuser, Saskia Flegler, Laura Pauli, Johanna Lanio, Hanna Santelmann, Dennis Weis, Christof Eichert.